會思想的蘆葦

傅佩榮

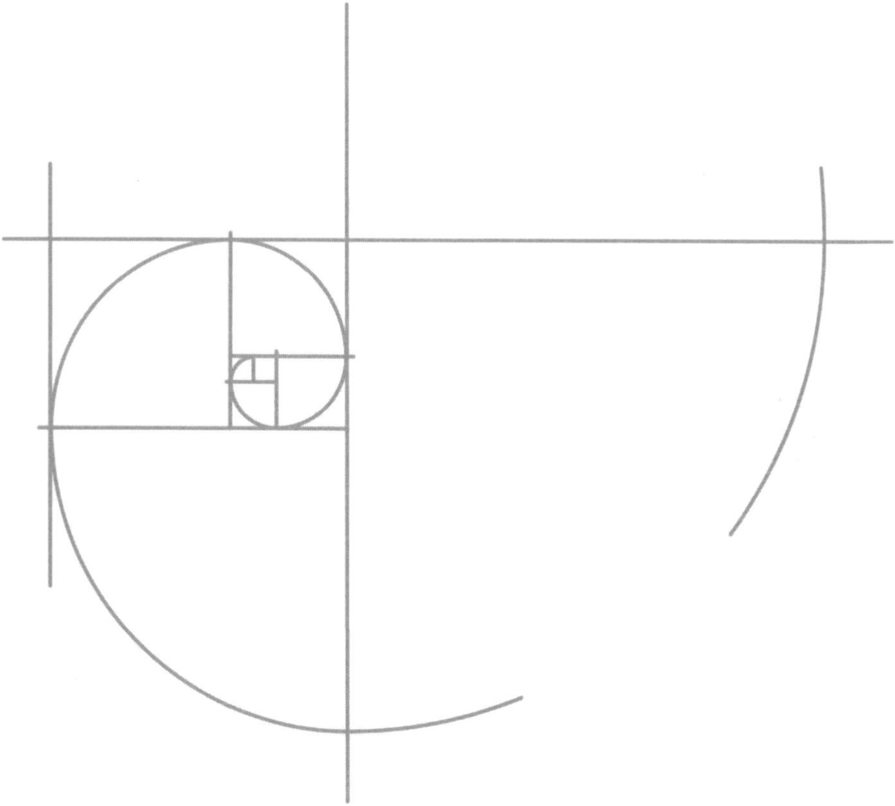

自序 會思想的蘆葦

／傅佩榮

「人只不過是大自然中最柔弱的蘆葦，但他是會思想的蘆葦。」這是近代法國哲人巴斯卡（B. Pascal）在《深思錄》裡的一句名言。蘆葦極易受到風雨摧折，正如人之難免老病衰亡。但是人能夠「思想」，由此卻改變了一切；宇宙雖大，可以容納於我心中之一念；歷史雖久，可以涵攝於我當下之所覺。人生之路，道阻且長，惟有思想可以煥發光明，燭照生命意義，展示生命境界。

然而，思想能力若是未經深化、銳化，並予以系統之錘鍊，終究難以突破個人在時空上所受的限制以及雜沓流變的事象之迷惑。培養獨立的思考與判斷，一向是教育的主要目標，因為那正是使一個人認識自己，成為自己的先決條件。人一旦認識自己，就會發現他的本質在於創新，因此成為自己就是超越自己，提升自己，實現更完美的生命。

同時，人又不是孤獨的，他對自我的認識、超越、提升、實現，若是脫離了人群脈絡，將無法定位也無從印證。此所以真正的思想家必是人道主義者。思想絕不僅僅是一種方法或工具，它本身隨著情感的躍動與意志的嚮往，會自然而然顯示一種合乎人性的評價作用，進而點明正確的抉擇與行動。

由這個觀點來看，我國儒家的良知說對於人性之理解，有其獨到而高明之處，「良知」既有「知」，自不能離思想而運作；同時「良知」的「良」字也暗示了人生應行之道。只要真誠面對自己，讓思想擺脫外在環境及名利權位的干擾，則人生的方向不難豁然開朗。英國詩人濟慈說：「真即是美，美即是真。」希臘哲學家柏拉圖則以美善原本為一。在儒家看來，則美善同源於真，因此肯定「誠」為一切教化之基礎。

以上幾段話正是本書各部分的要旨。首先，「闡明境界」是要由抉擇、覺悟、修行、智慧而開顯四種不同的境界，事實上，每個人都可以由辨認自己的鼓聲，走出自己的人生。其次，「致知途徑」是對於思想方法之簡單導引，沒有機會研究哲學的人可以用為參考；其中所錄各篇文字皆曾刊於《吾愛吾家》，受到意料之外的回響。然後，「人間關懷」則延續了我在《成功人生》與《燈下哲思》的一系列探討，尤其評述宗教問題的幾篇文字，對於當前的宗教現象的釐清界定，應該有一些幫助。最後，「返本開新」則以淺顯方式說明我近年來研究儒家人性論的心得及其與現代社會的關係。

此書於一九八八年初版，所收多為當時的文章，今日讀來雖有時空差距，但核心觀念仍是我直至現在所珍惜的，現在以新版面貌再度推出，願與更多青年朋友共享。

目錄

輯二 致知途徑

輯三 人間關懷

輯四 返本開新

附錄

輯一

闡明境界

1 人生的構圖

我們在人生的旅途上偶然駐足回首，就會發現過往前塵並非全屬虛幻。相反的，它有時還呈顯為一幅清晰可辨的圖案。圖案上有些地方工筆彩繪、晶瑩亮麗，有些地方恣意揮灑、氣勢渾浩，也有些地方脫逸軌度、不成格局。

仔細審視生命的圖案，隨著時光的倒流與復現，我們看到一次次事件由記憶中悠然升起。事件之成，固然緣於主客觀的各種條件配合，但是最重要的則是我們自己的抉擇。

沒有抉擇，就沒有事件；沒有事件，就無法構成圖案。然而，如何抉擇，卻是亙古以來人類共有的難題。對多數青年來說，聯考或指考時選填志願，成為生命中第一個重大的抉擇。但是比起將來必然陸續面臨的交友、就業、擇偶、成家，以及繁複多變的人生際遇，聯考志願之抉擇其實只在圖案上留下依稀的輪廓。

抉擇之層出不窮，使人生充滿了新鮮的挑戰；有挑戰，就有勝利的可能；人生之希望由此而生。然而，抉擇之永不停息，又使人生充滿了常存的危機；稍一不慎，就會落下難以修復的敗筆，讓整幅圖案大為失色。

每個人都握有自己的生命之筆，因此也都是某種意義下的藝術家。藝術家重視靈感、表現創意，運筆作畫時自在無礙，但是若無嚴格的基礎訓練與豐富的臨摹經驗，則終究難有傑出之作。人之抉擇亦復如此，必須及早在青年時期懂得抉擇的主要原則，才能使生命的圖案隨著生命的歷程而日益完美無瑕。

抉擇的主要原則，是指抉擇時所依循的正確途徑，亦即能夠答覆如何做出理想的抉擇這一問題者。我們擬就形式上說明適用於每一個人的三項原則。

首先是「好學」；人之生於世，難免局限於某一狹隘時空，但是若能好學，則其眼界、心胸、志趣、抱負，就能不斷突破現狀、超越自我。以孔子為例，他雖然自承「吾少也賤，故多能鄙事」，但是他比任何人都好學，不僅「學不厭、教不倦，發憤忘食、樂以忘憂」，而且能夠不斷提升自己的境界，「下學而上達」，掌握人生根本真相與終極目標，立下永恆的典範。

其次是「深思」；由於所學者，無論古典今籍，皆為他人所作的示範，其目的不是讓我們依樣畫葫蘆，而是要我們藉以省思自己的人生圖案，落實在自己的知能才性與人際處境中，從事一項知性的探險，找出一條最具意義、最有價值的自我實現之道。

最後是「力行」；這是所學與所思的試金石。有些人學富五車，甚至「於學無所不窺」，但是缺乏實踐的工夫，徒然糟蹋了讀書人的名義。所謂「讀聖賢書，所學何事？」就是敦促我們身體力行，由日用常行的點滴去著手，做出理想的抉擇。

不要小看每一次平凡無奇的抉擇，它們不僅構成生命圖案的整個脈絡，而且使人熟習正確抉擇的途徑，以致在人生面臨少數轉捩點時，能夠畫下決定性的一筆，由此彰顯生命圖案的全新氣象。

2 人生有境界嗎？

人生，是指一個人從生到死的過程。

從生到死，是生物學上的自然現象，人人難免。有趣的是，雖然凡人皆有死，但是沒有人僅僅以從生到死的生理變化為滿足，卻總在設法做一些超乎生物學範疇的事，有時做得熱切認真，好像不知道自己會死似的。

「熱切認真」是「執著」，「不知道自己會死」是「無明」。世間有許多執著而無明的人，為了名利與權位而糊里糊塗犧牲了。我們由他們的執著，看出他們在潛意識中嚮往某種境界，但是他們的無明卻使這種境界無從開顯，最後還是墮入漆黑一團的人生觀。

當一個人存其執著而去其無明時，人生境界自然展現出來。以愛情為例，戀愛的人沒有不執著的，但是無明與否，則關係重大。翻開每天的報紙，假借「戀愛」之名而製造的災難層出不窮；有人為愛殺人，有人為愛自殺，有人為愛詐欺，有人為愛鋌而走險、危及社會。此中原因即是無明。若能除去無明，自然可以了解「愛是犧牲，不是占有」的高尚情懷，努力藉著愛的動力使自己成為更寬容、更溫厚、更周到、更自主、更可靠、更完美的人。若能除去無明，慢慢就會發現「愛是邀請」：邀請雙方實現各自的潛在價值與理想本質。這時，愛使人心胸開闊、志慮恢弘，由個人之愛推展到社會國家之愛、民族文化之愛，成就豪傑志士的千古偉業。林覺民先烈的〈與妻訣別書〉正是近代的一個例子，其中所表現的「兒女情長」與「國族大愛」，充分證明人生是有境界的。

再以知識為例，知識是培育人才、改善社會、建設國家與推動文明的主要條件。但是就個人而言，知識也可能表現執著與無明兩面。譬如我們熟知的一句古諺：「書中自有黃金屋，書中自有顏如玉，書中自有千鍾粟」，委實道出許多人的求知態度：以知識為手段，謀求個人的福利，一旦目的達到，就此束書不觀，放逐自己的心靈；另一種是「為知識而知識」的求知態度：由於體驗書中自有天地，遂「發憤忘食、樂以忘憂」，必欲探得宇宙與人生的真相而後止。

以上這兩種求知態度，前者以知識為手段，自然難以品味書中樂趣，甚至以求知為苦事，當然談不上境界，這是因為無明的緣故。後者以知識為目的，逐漸擺脫無明的拘限，使主體的知能才性日趨完美。假使再進一步，以知識為「成德」之資，從「認識自己」開始，經過「讀聖賢書，所學何事？」砥礪品德、精益求精，然後再「己立立人，己達達人」，以知識匡導眾生、造福社會。這種求知態度就充分證明人生是有境界的。

3 領悟人生境界

為了說明人生有境界高低之分，我們可以從藝術、道德與宗教三方面來思考。

一般人常說「藝術無價」，因為藝術是高度的精神成就，無法以有形的物質來衡量。我們常尊稱藝術家為天才，因為他們的創作表現了人類心靈的某種共同意念。但是就創作的衝動與潛力而言，每個人都可以做個藝術家。試問，誰不曾寫過幾帖小品，畫過幾幀素描？誰不曾哼過幾首心中旋律，堆過幾座沙丘城堡？然而若想真正成為藝術家，還需要一種「為藝術而藝術」的執著。梵谷生前酷愛作畫，唯一的願望是他的畫能夠賣到他買顏料的價格，以便繼續作畫。這種「為藝術而活」的態度，已經顯示了人不只是依賴麵包生活，至於名利權位就望之如浮雲了。

其次，從道德來看，人生境界的呈現更是清楚。不管在小說戲劇或在現實社會，我們總是喜歡分辨忠奸善惡，然後對於大忠大善之人表示崇高敬意，對於大奸臣惡之徒則痛心疾首。同樣都是一生，為何有些人擇善固執，日新其德，而臻於高風亮節的境界？為何又有些人隨俗浮沉，自甘墮落，至於衣冠禽獸之地步？我們每日都在對別人與自己作道德判斷，我們清楚意識到內心深處的向善衝動：要求我們除舊布新，以今日之我與昨日之我戰；這些都告訴我們人生有境界，並且這種境界是高不可測的。孔子「登東山而小魯，登泰山而小天下」，人生境界亦復如此，必須登高才能望遠。

至於宗教，則是信仰的具體表現。一個人接受某種信仰，就如得到某種光照，對於宇宙與人生產生獨特的體認。譬如佛教相信人生有如苦海，必須依賴智慧，破除無明，才能證入涅槃。又如基督徒相信來世有永生，因此須在現世刻苦犧牲，積德行善。一旦成為真正的信徒，就會激發驚人的勇氣與力量；如羅馬帝國初期，基督徒寧死也不背棄信仰，高唱凱旋之歌進入鬥獸場。他們希望能夠犧牲必死的生命以換取不朽的來生。於是，生命的幅度突破了時間的拘限，跨入永恆的領域。

總結以上所說，人生境界不僅存在而且相當明確，也是許多人在默默努力的目標。重要的是，分辨清楚自己在追求哪一種目標，方向對不對，途徑是否正確。如何分辨清楚呢？首先要透澈思考，亦即面對「凡人必有死」這個事實，根據自己的知能才性，確立一生的總目標，然後念茲在茲，全力以赴。當你全力以赴時，你的自我隨之獲得實現而日益完美，人生境界亦將逐步提升開展。為了理解人生的總目標與境界層次，可以參考古今各派思想家的意見，再深入體會以定取捨。人生若是一趟旅程，那麼在出發時早些確定方向與目的，才能夠「不虛此行」。回顧過去，瞻望未來，我們應該要有信心與決心走上人生的更高境界。

4 人生需要抉擇

當一個人在忙碌的生活中，偶然回顧過往，檢視自己生命的畫面時，所看到的往往只是幾座山峰。每一座山峰代表一項事件，如升學、就業、戀愛、成家等。這些事件在初起時，總是帶著各種可能性，任何一個變數都會產生深遠的影響，最後塵埃落定，事件成立，因為當事人做了抉擇。

沒有抉擇，就沒有事件，沒有事件，則生命的畫面將留下一片空白。這種情形就像一個既無主見又無勇氣的人，事事隨俗從眾，茫茫然地跟著旋轉，根本無法領略人生的意義與價值。存在主義的先驅齊克果（S. Kierkegaard, 1813-55）認為，這樣的人是「存而不在」的，正如一個酒醉的農夫，駕著馬車回家，任令識途老馬拖著他前進，自己卻迷迷糊糊地睡著了。

齊克果的存在主義特別重視個人的抉擇，並由此推演出一套人生境界說，值得參考：

首先是感性境界。這種境界以天生的官能為苦樂的標準，如耽溺聲色之娛的人，或如今朝有酒今朝醉的人，都是典型的代表。不僅如此，凡是追逐身外之物，如名、利、權、位者，都屬於這一境界。因為它的特徵是「外馳」，想要憑藉外物來肯定自我，而結果卻難免於一再的失敗。失敗帶來失望，失望到達一個程度，就會興起「浮生若夢」的念頭，抑鬱以終。的確，感性境界的人在骨子裡都是憂鬱的。縱使表面上人來人往，熱鬧非常，卻無法撫平內心深處的不安。這個時候，人需要抉擇，才能勇敢地躍入道德境界。

道德境界的特色是「內求」。肯定內在自我是一個負責任的主體，可以統合起自身的思、言、行、為，使過去、現在與未來連成一個有意義的整體，亦即表現於言必信、行必果、好漢做事好漢當的堅決態度。不僅如此，這樣的人可以從事正常的社會生活，像組織家庭、獻身某種志業、報效國家等，因為他知道自己應該內外如一，人與人必須互相尊重、互相幫助、互相負責。久而久之，他由凡人變成君子；然後可能出現新的危機，就是滿足於自己的道德成就，不再努力奮進。殊不知人生是永無止境的挑戰，稍有懈怠，即刻退轉。換句話說，人必須力求完美。然而，完美的典範何在？完美之要求又由何而來？面對這一類問題時，人再度需要抉擇，以便躍入宗教境界。

宗教境界的人相信：人有可能突破自我的時空格局與生命向度，進入永恆的超越世界。若超越世界與人的自然信念相連，如「窮則呼天」與「舉頭三尺有神明」所云之天與神明，則齊克果稱之為宗教Ａ的境界；若超越世界展現為基於啟示的信仰，如基督徒所云之上帝，則稱為宗教Ｂ的境界。總之，宗教境界是為了解答人生終極意義的問題而出現的。世界各大宗教無不可以溯源於此，我國儒家的成仁取義之說也具有類似的效用。只要一個人秉持某種信念，可以為之生與為之死，他就自然顯示出宗教境界的情操了。人生是由一連串抉擇所構成的。「如何抉擇」，則是每個人的天賦職責，因此必須以審慎的思考與堅定的勇氣去從事。我們可以不贊成齊克果對人生境界的看法，但是卻不能忽略他所強調的「個人抉擇」之必要性。

5 人生需要覺悟

美國ＡＢＣ電視臺曾播出一部影片，描寫核子戰爭爆發後的悲慘狀況，是為《劫後之日》（*The Day After*）。當時我在耶魯大學念書，與同宿舍的各國同學一起收看這部影片，平時擾攘不堪的周末，忽然安靜下來。不僅如此，整個美國都安靜了下來。第二天開始，股票市場下跌，娛樂節目乏人問津，然後反戰人士開始請願，宗教家也趁機四處布道。

有些人因為這部影片，而對人生覺悟，開始認真思考生命的意義。不過，健忘的人還是居多，久而久之又回到了習以為常的生活軌道。

我由此想到人生覺悟之不易，以及不覺悟則人生境界無從呈現。王國維《人間詞話》的一段說法，可以幫助我們了解「人生需要覺悟」的道理。古往今來，成大功立大業者，都會經歷三種境界：

首先是：「昨夜西風凋碧樹，獨上高樓，望盡天涯路。」一般人都知道「青春易逝，年華易老」，但是在具體的生活態度上卻往往背道而馳，忙著消遣、殺時間，好像生命並無終期。等到遭遇了疾病、苦痛、憂患，才警覺了碧樹已被西風凋零；這時就須孤獨沉思、登高望遠，以便確定人生的目標，並努力以赴。

接著是：「衣帶漸寬終不悔，為伊消得人憔悴。」覺悟人生目標（伊）之後，就要全力去追求，不惜任何代價（憔悴）也都心甘情願（不悔）。古人為了功名而讀書者，遂有「十年寒窗」之長期奮鬥，甚至效法「頭懸梁、椎刺股」的驚人行為，都是這句話所描寫的。我在美國念書時，腦中時常浮現蔣捷〈虞美人〉的一句詞：「中年聽雨客舟中，江闊雲低，斷雁叫西風。」去國離鄉究竟為了什麼？這種犧牲是否值得？要想答覆這兩個問題，必須先反省自己所覺悟的人生目標是否正確。如果我的目標是為了成就自我實現的要求，並由此擴及自我對家國天下應有的責任意識，那麼再大的代價也是值得的。

由此可見，人生的首要覺悟是對於自我的肯定與期許。請看：「眾裡尋它千百度，驀然回首，那人卻在燈火闌珊處。」「驀然回首」，才能領悟人生所要掌握的不是外在世界，而是內在心靈世界。人生在世，不管如何追求，如果喪失自我，則一切追求都將毫無意義。耶穌說得好：「你若得到全世界而喪失自己的靈魂，對你有什麼好處呢？」想通這個道理，就能分辨本末輕重：一方面不再執著於俗世的價值標準，另一方面可以確立人生的終極目標。凡是盡其在我，主動為人群、為國家而犧牲奉獻的人，都是先在內心有了這一層覺悟的。「人生自古誰無死，留取丹心照汗青」，人類文明也就建立在先聖先賢的這種正確覺悟上。

人生一如旅程，有時順利前行、有時舉步維艱，但是在努力邁進之時，如果不先覺悟目標何在，就不可能保持一致的方向，也不可能充分發揮自我的潛力。

6 人生需要修行

孔子以前的中國人，往往把道德修行的責任加在君王一人身上，由他去做萬民的表率，再逐步感化四周的人。這種信念可以在舜的生平得到印證，也可以在周文王的生平得到印證。春秋時代禮壞樂崩，一般百姓民智大開，卻苦於百家爭鳴，讓人無所適從。孔子的儒家承先啟後，一方面紹述傳統理想，另一方面默察人性趨向，提出仁義忠恕等品目，要求人人藉著修行以提升人生境界。

儒家首先指出：人人與生俱有成全自我的能力，亦即仁義的根源在於人性之內，不待外求。孔子說：「為仁由己」，又說：「我欲仁，斯仁至矣」。孟子進而申論「仁義禮智」乃心之四端，是人所固有的，並非外塑而得。但是光有端倪與萌芽是不夠的，還應該善加存養、護持、充擴、發展，才能日進其德，圓滿實現天生的善性。這其中的關鍵想法是：儒家肯定人性並非既成的固定之物，而是充滿發展的潛力；亦即人性須在人生活動中漸次完成實現。

至於成全人性的過程，則有以下五個階段：庶人、士、君子、大人、聖人。庶人是指老百姓，一旦見賢思齊，願意追隨內心的傾向，就可以立志——士心為志，以士為楷模：「士不可以不弘毅，任重而道遠」，因為他走上「仁」的途徑。

在這個途徑上通過考驗，就可以成為君子：「君子無終食之間違仁，造次必於是，顛沛必於是。」君子是儒家所立的典型，是人人可以效法的榜樣。君子念念以進德修業為首務；「天行健，君子以自強不息」，「地勢坤，君子以厚德載物」。

集義積善到一定程度，就能發出浩然之氣，上通天下達地，動靜無所不宜，跟整個宇宙的大化流行合在一起，所謂「大人者，與天地合其德」，就是這種境界之描述。至於聖人，則是孔子「七十而從心所欲不踰矩」的地步，亦即，人心映現天理，無入而不自得。

儒家肯定人人可以成為聖人，因為人人內在都有這種潛能。孟子說，「人皆可以為堯舜」；荀子說，「塗之人可以為禹」。這種潛能使人一方面奮勵上進，另一方面怡然自得。如孔子「發憤忘食，樂以忘憂」，顏淵雖貧，「不改其樂」，孟子「反身而誠，樂莫大焉」。這種快樂並非得自現實世界的名利權位，而是得自內在自我的安頓與滿意。在儒家看來，只要人活著一天，就有責任「日新其德」，因為人性內在的向善衝動必待「止於至善」而後已。

人生需要修行。這種修行並非外在的法令或訓誡所要求，而是出自天生的本能。儒家教化所過之處，總能啟發人向上奮進——不為別的原因，只為人覺悟了自己的可貴本性。

7 人生需要智慧

儒家強調修行，希望每一個人從自己做起，擴充向善之性，再推至「齊家、治國、平天下」。如果人人都有可能成為聖賢，並且也都在實際上從事希賢希聖的工夫，那麼天下自然太平和樂。

在道家看來，儒家未免過於樂觀，對人性的了解也過於理想化。修行固然重要，但是光是周旋於五十步與百步之間，是沒有辦法導致天下太平的。因此，道家強調「智慧」，要人透視萬物真相，無所執著，以便形成精神上的自由與解脫。智慧並非憑空而來，它首先需要深刻地洞察及體驗人類知識之本質。試以老子為例說明。

第一，以知識為區分。這是一般人對於善惡、美醜、真偽、是非所作的區分，大都屬於相對的判斷。這種知識徒然困擾人心，引起非分欲望，造成天下大亂。老子說：「不貴難得之貨，使民心不亂」；因為人的欲望是無止境的，所以釜底抽薪的辦法是「使民無知無欲」。這並非愚民政策，而是避免由區分之知引起不必要的欲望。欲望太多的人不僅不快樂，而且昧於人生真知。所謂「嗜欲深者，其天機淺」，正是這個意思。

第二，以知識為避惡。老子強調知行合一；他的目的是「無尤、無患、長保、長生」。因此，他所避的惡，是指一切可能削弱、阻礙、威脅或毀滅人的生命與幸福的東西，而不是指道德上的善惡之惡。這種知識是「關於」人的自我的知識。具備這種知識，就能「知其榮，守其辱」，保持懦弱謙下的處世態度，與人無爭無怨。個人如此，可以長生久視；人人如此，可以長治久安。

第三，以知識為啟明。這種知識是「屬於」人的自我的知識，或稱自我知識。老子說：「自知者明」，「知常曰明」。明是啟明或啟蒙，如光明射入黑暗混沌，使人解迷出惑，洞見萬物與人生的根本真相，亦即萬物的常理與自我的底蘊。果真如此，則情感的起伏可以平息，意志的掙扎可以化解，只剩下冷靜沉穩的理性在默觀自然界的造化之跡，進而與大道冥合為一。借用西哲史賓諾莎的話，「不要哭，不要笑，要理解」，老子也要我們培養智慧，擺脫一切內在外在的束縛，做個自由的人。

真正的自由是心靈的自由，亦即在精神上自立自主，像莊子〈逍遙遊〉裡的大鵬鳥般向上提升，自在翱翔。但是上迴向之後，必須繼之以下迴向，回到人間關懷眾生。道家雖然冷眼看世界，對於眾生卻仍充滿期待：期待人人都能展現啟明的智慧，追求最可貴的心靈自由。

8 孤獨與寂寞

孤獨不是寂寞。一個人如果能夠分辨這兩種心境，就可以在幸福人生的旅途上，邁步向前了。

寂寞是一種冷冷清清的感覺，好像自己被別人遺忘了，也被世界遺棄了。事實上，幾分鐘之前或幾個小時之前，還在熱鬧的聚會中高談闊論、盡情玩樂，為何曲終人散就有無邊的空虛襲來？

原來我在群眾中只是暫時忘掉自己而已，所以擺脫了寂寞的侵擾與空虛的壓力。當我獨自面對自己時，卻發現：面目可憎、言語乏味、俗不可耐的，竟是自己。然後，再設想別的辦法逃避寂寞。這像是火車走上圓的連環軌道，周而復始，在原地繞圈子；又像是一腳踩入流沙的旅人，不能自拔，眼看著自己愈陷愈深。

這個時候，我不得不覺悟：遺棄我的，不是別人也不是世界，而是我自己。我先不喜歡自己，然後抱怨別人不喜歡我；我先不接受自己，然後怪罪別人不接受我；我先不認識自己，然後聲稱別人不認識我。我若不肯與自己做朋友，誰又願意做我的朋友？

所謂「與自己做朋友」，就是靜下來認識自己的知能才性，傾聽自己內心的聲音，確立自己人生的方向。唯有真心認識自己的人，才能確實地接受自己，摒除好高騖遠的奢望與自暴自棄的心態，按著自己的興趣、能力與理想，走上光明的人生之途。果真如此，我還會不喜歡自己嗎？別人還會不喜歡我嗎？

當我與人共處時，我享受心意共融的快樂；當我一人獨處時，我欣然發現自己的心靈世界日益豐富。心靈世界的一角，藏著父母與親人的叮嚀及祝福；另一角則充滿良師益友的溫馨關懷；一首小詩、一曲旋律，就能為我勾勒一幅雋永的畫面，讓我神遊於往日美好的時光；一本好書，當然也滋潤了我的志趣，鼓舞了我的意志，使我嚮往更美好的人生境界。

是的，孤獨可以成為一種享受，這種享受不是金錢所能換取，因為它是無價的。它帶我們進入沉思，靜靜觀看宇宙的變幻風雲，領悟天地之間的永恆大美，然後據以點化人間的煩愁苦痛，讓意義透顯出來，讓價值得到印證。當我們在孤獨中沉思時，內心只有寂靜而無寂寞；寂靜引發明覺洞見，有如禪定老僧，自然流露智慧的微笑。

當我走出孤獨、進入人群時，智慧立即轉化為源源不絕的動力，支持我熱愛同胞、關懷人類，同時以無比的勇氣朝著理想前進。

9 正確的覺悟

「是非成敗轉頭空」，這七個字頗能表達我們偶爾對人生所興起的感觸。翻開史書，帝王將相縱橫馳騁，當時固然不可一世，過後也就煙消雲散了。文學家的彩筆更為我們道盡人世的悲歡離合，終如南柯一夢。回首平生，能不因而感嘆者，幾希！

感嘆人生之無常，並不完全出自無奈的悲愁，相反的，它可能出自人心對幸福的追求與對永恆的嚮往。哲學家努力辨明人性的這種需要，建構各色各樣的理想國，助人安頓身心。宗教家則超越無常的網羅之上，打通生前死後，引人走向不朽的樂土。可惜的是，現代人對哲學存著懷疑的眼光，對宗教抱著利用的心態，因而陷於變幻無已的現實世界，無法解開內心深處的愁結。如果人生無常、萬法皆空，那麼在面臨困境危局時，何不乾脆自尋了斷？「自殺」已經堂堂躍居世人十大死因之一了，可見這個問題日益嚴重，值得我們稍作探討。

有人以為「自殺」表示「看破了」，其實那正是「看錯了」。因為，自殺者往往執著於一個意志——想不開，然後所見人間一切都成為灰色，無一人值得留戀，亦無一人留戀自己。如果活著與否並無差別，又何必承受痛苦呢？這個想不開的意念，就像眼睛前面的一塊小小硬幣，遮住了所有的陽光。這樣的黑暗是自己造成的。

給自己一點時間，因為時間是最好的醫生，能夠撫平任何創傷。或者換個空間，讓新的環境為我解開舊的意念。想一想父母親友，他們恐怕背負更重的十字架，卻仍然勇敢地走下去。不然，總有幾個敵人吧！給他們一點顏色看看，照著王爾德（O. Wilde）的話去做：「活得快樂，就是最好的報復！」

千萬不要選擇自殺，因為那是投降，是澈底的失敗，完全沒有翻本的機會。如果真要「看破」，就設法看破自己對意念的執著，移開眼睛前面的蔽障，看陽光普照大地。許多自殺者以為自己是嚴肅的，但是真正嚴肅面對生命又怎能走入取消生命的結果？這還是矛盾，還是想不開。人應該知道的是：為何而生與為何而死；人應該決定的是：如何生存下去。如果到了必須決定如何而死時，則不能不做重於泰山與輕於鴻毛的考慮。

正確的覺悟使人一方面珍惜自我，同時又能拯脫自我心中的牢籠；使人在體察世間無常空幻的面貌時，不致迷失自己，同時更要肯定自己是創造新的價值的基礎。如果人間不夠光明，讓我們來燃燒自己！

10 良知不會消失

暑假期間，抽空整理上半年的信件，找到幾封專門討論思想問題的，使我有機會再度思索自己在教學與演講的過程中，所揭示而尚未釐清的觀念。這些問題與觀念不但是少數同學感覺興趣的，對於一般青年也有某些參考價值。我以下要引述及答覆的，是一位成功大學建築系同學的來函。為了閱讀方便起見，我先原函照登，再依序回答他所列舉的四個問題。

「我是建築系的學生，由於興趣使然，多年來對哲學一直保持接觸。但由於僅止於書本之閱讀，故領悟有限，也缺乏基本的哲學訓練，不過具有一些基本的哲學概念，術語也不陌生。

三月三日晚上，聽過老師關於『儒家人性論與現代世界』的演講後，對一些許久以來未能徹悟的觀念有所進展，也相當驚訝學哲學的人所具有的思考能力。

由於時間匆忙，有許多問題不及當場發問，希望老師能給學生書面的回答，以指點迷津。

一、把良知的許多問題，推給『界限狀況』去解決，是否有一點『船到橋頭自然直』之味道，況且界限情況也不過是一種較強烈的一般狀況而已，何以擔保良知其時的反應（內在聲音），便具有絕對的要求性？

二、儒家的哲學體系，讓我很期待一些東西的出現：先知先覺之人——以制定禮樂規範，使人類除了能在內在聲音之外，尚有外在的道德規範相呼應，以便較能肯定自我之抉擇。界限狀況——以考驗良知的絕對要求能力，從而肯定良知。但是此二者均是不常有的，也就是說平常沒有的，既然如此，平常的我，是否必定是曖昧、模糊，難以自決的呢？

三、在良知的敏感度不高時，或者在印證價值不明顯的時候，是很難有所抉擇的。但是如果只是保持不斷的反省，徒然保持良知的彈性，根本無助於抉擇。若是等待界限狀況，時間早已耗去，而有些東西便無以挽回了，這該如何？

四、哲學訓練所造就的思考能力令人羨慕，應如何從事這種訓練呢？

以上或有語焉不詳之處，請您就所理解加以回答，若有耽擱了您的正事，尚請海涵。」

這封信所列舉的四個問題，有一個簡單的背景須稍作說明。歷來談儒家對中國人的影響，自以其人性論最為顯著，但是孔孟時代所陳述的理由，如「心安不安」、「心忍不忍」，皆訴諸良知的存在，對於現代人來說，是否仍然有效？換言之，人若有良知，則它能否被物欲蒙蔽？被蒙蔽之後，又該如何呈現？針對這些問題，我借用存在主義哲學家雅士培（K. Jaspers）的「界限狀況」來說明，亦即：人在生理上、心理上、精神上總會面臨某一絕境，逼使人展露真正的自我，認真擔起自己的命運，不再找藉口自欺或逃避到人群中。有了這一理解，我再扼要答覆信上的四個問題。

首先，界限狀況逼使良知反應，但界限狀況亦隨各人良知的敏感度而展現。這其中所涉及的「循環」是難以避免的。不過，重要的是：只要人活著，就隨時有可能面臨界限狀況。譬如：有的人「不見棺材不掉淚」，但是見了棺材或許就掉淚了，甚至會有「人之將死，其言也善」的表現。有些窮凶極惡之徒在押赴法場時，會覺得慚愧悔恨，未始不是天良仍在。至於這發自內心的聲音是否具有絕對的要求性呢？我想，既是聲音，表示某種要求性；是否「絕對」，則須視情況而定，要看是否到了「殺身成仁」的處境。

其次，儒家使人期待①先知先覺之人，②界限狀況，此二者平常沒有，則平常的人是否必定曖昧、模糊、難以自決？我認為：界限狀況與良知敏感度相依存，則未必「平常沒有」。我們在坐公車時見老人摔倒，看電視演出悲劇，以及遭遇人倫之間任何衝突時，皆有不安不忍之心呈現。至於有無先知先覺之人，則任何能念書、肯思考的人，皆可以在聖哲的書中頓悟而肯定自己之先知先覺。至於師友同學互相點化，更是常見之事。問題是：這個時代有更多陷溺人心的機會，志士仁人正可以為此而團結努力，以「己立立人，己達達人」為志業。能以清醒的眼光看著自己與惡的力量搏鬥，實在是一件既壯觀又令人激賞的事。

第三，沒有界限狀況，並不表示良知不在。一個人順著自然生命前進，並無時間耗去的考慮。人生若自自然然，表示一切心安，正是莫大幸福。這種情形與麻木不仁截然不同，必須分辨。良知有時並不呈現，但絕不會消失。

最後，哲學訓練所造就的思考能力有兩方面：一是掌握大小前提之後，可以作合乎邏輯的推論，二是根據既有的經驗去設定「先驗的」本來面目。第一點不難，第二點則涉及悟見之深淺，若不多品味東西方大哲學家的作品，是很難學會的。換言之，思考能力絕不限於邏輯與分析訓練，更須依賴一種對宇宙人生本然實相之洞識，以及對此一洞識之合理的表達。

11 進化

自從達爾文在一八五九年出版《物種起源》之後，進化或演化的觀念逐漸為人所知。要衡量他的影響，不妨翻開任何一本兒童百科或自然教材，其中顯然都以「人是猴子變的」為不證自明的真理。說它不證自明，其實是無從證明，但是卻被普遍接受了。這是令人惋惜的事！

達爾文曾經隨著英國巡洋艦，航行南美海岸與太平洋小島，前後五年，收集、觀察、研究各類生物的演化資料，再提出劃時代的進化論。進化論有兩大要點：一、進化是以「一條鞭的」方式展開，由無生物到有生物，再由低等到高等生物；如果生物世系一脈相承，那麼人類應該是進化而來的。第二、進化的實際情況是「物競天擇適者生存」，由自然環境的壓力促成生物機體的演化；演化的趨勢則是由簡而繁。

這兩大要點都有相當可靠的根據，也都在某一程度上有效。但是其中仍有無法解釋的難題。首先就第二點來說，如果「適者生存」是指趨於複雜的生物機體，那麼如何說明：一、目前存在的生物，從阿米巴到人類，是最簡單與最複雜並存的；二、愈簡單的生物需要愈少的條件，亦即愈適合生存，像阿米巴就遠比人類適合生存。以人類的機體看來，力大不如牛，疾走不如馬，視聽不如貓犬，溫度稍微變化，就苦於病痛，那麼人類憑什麼適於生存？他所憑藉的是「理智」。而理智又是什麼？

這個問題帶領我們回到前面所說的第一點：人也應該是由較低的生物演化而成的。但是，理智如何可能由演化而成？達爾文無法答覆這個問題，因為他根本找不到人與其他生物之間「失落的環節」（the missing link）。他畢竟是一位誠懇的科學家，所以公開承認：所謂「人是猴子變的」，充其量只是一項未經證實的假設。

這項假設如果未經證實，為何我們接受它？接受它之後，會有什麼明顯而立即的影響？是否我們也該考慮其他關於「人類起源」的假設？

人類異於其他生物的地方，在於他有「理智」。但是達爾文的進化論無法說明理智如何演化而成，因此對於「人類起源」只能提出假設性的答案。

或許有人認為：生物也依其進化步驟，享有不同的理智，像靈長類（猿猴）優於爬蟲類、兩棲類等。然而事實上，那些差異都是程度上的，而非本質上的。理智之有無，則是本質上的差異。簡單說來，除了人以外，其他生物都依機體結構而有其本能。「本能」是指：能夠以其機體的器官為工具，達到生存的目的。「理智」是指：能夠以其機體器官以外的東西為工具，達到生存的目的。

肯定上述區分之後，就不難發現：「理智」使人類一勞永逸超越了生物世系，亦即能夠以身外之物（如棍棒石頭）為工具，來營建屋舍、取火熟食、自衛發展，漸漸走出一片人文的天地。這樣的理智，是全有或全無；像一道門檻，只有門裡門外之分，而無中介之物。也因此，達爾文才承認自己找不到「失落的環節」。同時也因此，西方還有許多基督徒繼續在相信「上帝造人」之說。

的確，如果人真是猴子變的，那麼一切藝術美感、道德嚮往、宗教情操，統統淪為主觀的幻想或本能的投射，完全沒有客觀上的存在理由。然後人類活下去的目的只有一個：物競天擇，適者生存，而社會也無異於叢林，大家各逞手段，成王敗寇。這是為什麼我們不願也不能輕易接受達爾文假設的主要原因。

不僅如此，一旦接受進化論假設，肯定人是猴子變的，那麼就必須忠實地面對下述問題：人將會變成什麼？因為，人若是生物演化的一個階段，那麼我們憑什麼斷定他是最後階段？尼采之所以提出「超人」，就是受到進化論的啟發。但是「超人」思想是可怕的，因為它會否定現存人類。當希特勒屠殺少數民族時，心中就是做著超人之夢。

說穿了，超人成為弱肉強食的藉口。進化論用於人類，則後果不堪設想。每當翻閱孩子的自然教材，對於其中盲目接受的達爾文假設，不免日益憂心。

12 謙抑

在生存競爭日趨激烈的今天，謙抑已經成為難得一見的美德了。年輕人必須學會自我推銷，否則無法在人浮於事的情況下脫穎而出。商業產品為了促銷，採用各種誇大不實的語句來宣傳。最可悲的，莫過於少數罪犯因為名字見報而洋洋自得。

這些，可以歸咎於環境壓力與人性弱點，並且早已積習成風，讓社會大眾見怪不怪了。然而，一種現象，不能因為成了風氣，就有權利蔓延下去；更不能因為大家習以為常，就肯定它是人生正途。為了釐清這一點，首先我們要思索「謙抑」的涵義以及它所引發的人生態度。

謙抑並不是指謙虛、客套、奉承、自損等等屬於消極的行為，相反的，它出於兩種對自我的積極認識：

第一、認識自己的知能才性，進而了解自己的處境；無論我現在所從事的工作、所扮演的角色、所發揮的功能如何偉大，它都是「可以被取代的」。換句話說，如果我不存在，則太陽依舊上升，四季依然輪替，社會繼續發展，國家照樣強大。理由很清楚：人生是一場規模龐大的接力賽，有人停下就有人接上。每次看外國電影，只要有人死亡，就有牧師在墳上念：「塵歸塵，土歸土。」這種體認是使人真正謙抑的重要理由。

有了這種體認，才會加倍珍惜自我的潛能，才會加速自我實現的腳步，為社會與國家貢獻最大的力量。也唯有認識自我生命之短暫，才能孕發像「我死則國生，我生則國死」的豪情壯志。由謙抑而生的動力，才是持久深遠的，並且隱含著樂觀奮鬥的堅定意志於其中。

第二、認識自己的品德修養，亦即：無論我現在的人格如何完美，我都是「可能退轉的」。因此，我無法驕矜自滿、不再長進，而應該「日新又新」，時時警惕自己不可退轉。由此看來，人生在世形同長程賽跑，在過程中的先後是一回事，到達終點時能夠問心無愧，才是一生的目標。

道德上的「可能退轉」，使人真正謙抑下來，以同情之心看待一切犯過的人，

「哀矜而勿喜」，「嘉善而矜不能」，然後由自身做起，與鄰近的親人、朋友、同事、甚至偶然相遇的人，一起朝著「更善的生活」這個目標努力，創造更理想的人生。

13 含蓄

二十世紀的文學，在小說、詩、散文、戲劇各方面的成就，恐怕不如十九世紀，但是在「傳記文學」方面則遙遙領先。在美國的書店裡，傳記已成為獨立的分類，陣容及銷路遠超過其他文類。在非小說類的暢銷書中，傳記往往獨占百分之二十到三十的比例。

傳記描繪一個真實而生動的人生，讓讀者在閱讀時想見其人，共同體會生命的抑揚頓挫，然後為自己樹立奮鬥的目標與成功的典範。讀者需要好的傳記，但是好的傳記為數有限；於是曾幾何時，撰寫「自傳」的風氣大盛。權傾一時的政壇人物固然有許多祕笈讓人發掘，閃爍亮麗的明星自然各有吸引人的浪漫生平，連商業鉅子也儼然擺出社會教師的姿態，現身說法。譬如克萊斯勒總裁艾科卡的自傳《反敗為勝》就雄據美國暢銷書排行榜九十幾周，同時它的中譯本也一度在臺灣成為暢銷書。

我對傳記文學並無特殊好惡，只是經常擔心由於「自傳」的氾濫，將使一種傳統美德從此成為歷史名詞，那美德就是「含蓄」。自傳作者少不了替自己辯護、為自己吹噓、甚至給自己評價；他們訴諸同代讀者的讚賞與肯定，以為這就是人生行事之目的，完全忽略了向內追求心靈之安頓及向外尋求歷史之仲裁，因此表現缺乏內斂的智慧與超卓的精神。

含蓄的人善於自省，不僅認識自己也能認識環境，對於自己在環境中的「視聽言動」都能謹守分寸。因此當他出現時，不會有咄咄逼人的氣勢；當他離開時，氣氛也顯得自然安詳。含蓄的人習慣為人著想，事事給人留餘地，但是對於自己則要求甚嚴，因為他的內心自有理想判準。

然而，含蓄的人既不懦弱也不鄉愿。他以行動代替說話，所過之處總能彰顯堅定的信念，表現活潑的力量。這種信念與力量，源自深思人生的應行之道。一旦掌握了應行之道，自然會孕生「當仁不讓」、「有為有守」的決心。他像蓄勢待發的強弓，將在光明與黑暗的分界線上，射出正義之箭。

人之所以含蓄，是因為發現自己的知識與能力是有限度的，這是自知之明。唯有自知者才能夠凝聚生命之力，當行則行、當止則止，活出真正的自我。

14 和諧

和諧這種美德已經逐漸被人遺忘了。此起彼落要求和諧的呼聲，雖然仍在耳際，但是產生的作用非常有限。我們接受許多訊息，了解它們的重要性與迫切性，但是不一定知道如何著手回應。

對於自然界，我們明白生態平衡的深遠影響；對於當前社會，我們相信國民共識之不可或缺；對於家庭成員，我們要求和睦共處、互相扶持；甚至對於自我，我們也期望內外如一，情理融洽。然而，如果我們真誠思索，就會發現這一切都還尚待努力以赴。

在人生旅途中，設定一些正確的目標，總是可喜的事。進而對於目標能有正確的理解，則實行起來將可事半功倍。「和諧」無疑是這些目標之一；那麼，如何對它正確理解？我想，可以由「辯證的和諧」這個觀念入手。

首先，和諧是兩個或兩個以上的個體之間的關係。這些個體必須互相以對方為主體，才能產生雙向的溝通與調適，否則極易淪為壓抑與宰制。即使就人與自然的關係而言，也不例外。假使人們不僅從「我看自然如何」著眼，也能設想「自然看我如何」，或許可以更有效地愛惜生態環境。

其次，和諧不能一勞永逸地達成，因為和諧的主體之一——人，總是處在成長的過程中。社會及家庭的和諧之所以需要持續地突破困境，再創新機，原因即在於此。最後，任何和諧的基礎都難免落實於個人自我生命的安頓上。個人是否接受自我、欣賞自我，進而追求自我實現與自我完成？不先肯定這個問題，則一切和諧都是短暫的與外在的。肯定了這個問題後，則一切和諧將隨著自我生命之超越與開展，轉化為辯證的或動態的和諧。

若有辯證的和諧，則個人與自然不再相隔，進而可以領會「我見青山多嫵媚，料青山見我亦如是」的意境；個人與家庭、社會可以日益相契，不斷創造新的理想關係。人與人互為主體，互相尊重對方的獨立自我與開放心靈，然後才能造成真正的溝通與和諧。《論語》所謂「君子和而不同」，正可以用來形容辯證的和諧。

輯二

致知途徑

1 生活就是哲學

今天清晨起來，陽光柔和，微風拂面。你順著人行道，往學校或公司的方向走，忽然看見前面一位老太太摔跤。這時你毫不猶豫地趨前將她扶起，還問她受傷沒有。

你為什麼這麼做？這個問題值得想一想，不要輕易回答：「因為我覺得應該」，或者「因為我高興」。

前幾天的一個清晨，天色昏暗，風強雨驟，你在同一條人行道上也瞥見有人摔跤，但是卻自顧自撐著傘走過去了。為什麼同樣是你，卻有兩種相反的待人態度？

難道是天氣影響你的心情，心情再決定你的行為？仔細反省一下，似乎不是如此單純。人的任何行為，背後都有一個信念做為預設。譬如，當我幫助別人時，我心中相信：人與人應該互相扶持，人類形成一個大家庭，人生是有意義的，別人會在我需要時伸出援手。反之，當我拒絕幫助別人時，我心中相信：人與人各自孤立，人類並無共同關懷，人生難免老死，我也無法逃避命運的擺布。

問題是：你有時樂於助人，有時又拒絕助人，難道是在心中同時接受兩套相反的信念？如果是的話，你又如何認定自己是同一個人呢？你怎能期望別人了解你？甚至，你了解自己嗎？

如果你對這些問題覺得好奇，想要進一步探索答案，那麼你就走上哲學之途了。哲學是用比較系統的方式去思考人生的現象，然後為人生的種種抉擇提供指引。為了找到指引，你可以參考古今中外哲人智士的心得，也可以由日常生活的點點滴滴著手，看看自己心中究竟潛存著那些互不相容的信念，進而予以疏導、整理、融合，使其顯示統一的立場。這種「化隱為顯」的工作，是哲學上關鍵的第一步。哲學之有益於人生，也由此開始。這是任何人都可以做得到的。

確立自己心中的基本信念之後，我們在人生道路上就可以免除許多不必要的困惑、徬徨、掙扎、挫折。氣候不能再影響我們，因為我們心中自有溫暖的陽光；環境不能再干擾我們，因為我們心中自有堅定的主張。我們可以開始活出真正的自我，不僅內外如一、表裡一致，而且始終清楚知道自己正在做什麼，以及為什麼這麼做。

當然，從外表看來，這樣的人有時讓人覺得頑固、自大、或狂妄。有些人也確實打著「擇善固執」的招牌，特立獨行或標新立異。我想，這是「過猶不及」的結果，因此哲學家無不強調反省沉思與自我約束。希臘哲學初期最著名的兩句格言是：「認識你自己」與「凡事皆勿過度」。孔子則主張好學深思與忠恕之道，因此他一方面勇於堅持理想，「知其不可而為之」，另一方面則「毋意、毋必、毋固、毋我」，顯示了溫良和樂的人格特質。

由此看來，思想的功用真是偉大。人可以憑藉思想，突破有限的時間與空間，掌握自己內心的真我，亦即不受氣候、環境、人群所拘束的自我。這個自我，既有清楚的信念，又有明確的方向，因此一顰一笑、一舉手一投足、一言一行，都是非常真誠、非常踏實的。不僅如此，思想還能引領我們樹立典範，見賢思齊，使我們在面臨重大抉擇時，會去想一想：若換了是孔子，是耶穌，是蘇格拉底，是佛陀，或是其他聖賢，處在我的情況時，又將如何決定行止？

如此念頭一轉，平平凡凡的人生就可能展現壯闊的波瀾，高潮迭起。人生的每一分每一秒都值得珍惜。因為其中充滿了新的挑戰，等著你以新的精神去回應，從而開拓新的人生境界。

有人說：生活就是文化，生活就是教育。我們也可以說：生活就是哲學——不過還須加上一個小小的習慣，亦即思考。孟子肯定人的尊嚴，聲稱「人人有貴於己者，弗思耳矣。」只要養成思考的習慣，生活的品質自然會隨之提高，生命的內涵也將更為充實。哲學的確是我們品味人生的開始。

2 如何運用思考

培養獨立思考的能力，一向是教育的重要目標。事實上，每一個人對於「獨立思考」都是非常嚮往的。若想獨立思考，首先要懂得思考的基本規則，就是撇開自己對於許多事物的主觀成見與情緒反應，以平常心看待事物間合乎邏輯的關係，然後進行判斷與推論。

思考必須由概念開始，概念就是一般所說的名詞。我們對於每一個名詞都會產生兩種認識，一是它的意義，二是它的意象。意義是我們在課本上、在教室裡，或由字典中所學到的，可以用來與人交談溝通；意象則來自每個人的文化傳統、教育背景、生活經驗，屬於個人的感受範圍。麻煩的是：意義與意象總是同時出現，使我們在使用一個名詞或接觸一個名詞時，容易造成錯認、誤解，或無心的過失，阻礙了人與人之間的正常交往。

譬如，中國人談到「龍」這個名詞，不禁眉飛色舞，因為龍的意象包含無窮的生機、潛能、希望、吉祥、權柄、榮耀；反之，西方人聽到「龍」，則不免戰慄危懼，因為隨之出現的意象是地獄惡魔的化身、人類的死對頭。至於「龍」的客觀意義是什麼，是否真正存在，恐怕雙方都不太在意了。因此，思考的第一步，是釐清名詞的意義，以便正確表達自己的觀念。

思考的第二步是形成判斷，就是把兩個名詞連繫起來，確定其間的關係。譬如，「臺大學生是好學生」，是一個判斷。有判斷，就有對錯真偽的分辨。我們通常只是憑著一般印象、人云亦云或個人感受，就做了判斷；然而，臺大學生真的都是好學生嗎？只要能夠找到一名壞學生，這個判斷就失效了。當然，我們必須先界定「好」與「壞」的意義，否則說了也是白說。由於從臺大找出一名壞學生是可能的，因此謹慎的判斷是「許多臺大學生是好學生」。但是，我們在日常生活中所聽到的是些什麼判斷呢？妻子對丈夫說：「你從來不洗碗。」丈夫說妻子：「妳根本不關心小孩。」旅行歸來的人說：「美國人有禮貌，泰國的東西很貴。」我甚至在一次飯局中，聽到一位文學教授開玩笑說：「自古英雄皆飯桶。」

像這一類「全稱」判斷，往往只是用來表達個人的一時情緒，不但缺乏認知上的依據，也很難說服別人。我們在頭腦冷靜時是不會這樣說的。那麼要怎樣說話才恰當呢？首先，要遵守一句大家熟悉的格言：「有幾分證據，說幾分話。」避免以偏概全或想當然耳，有話則長，無話則短，如此將可省去許多無謂的論辯與爭端。其次，要選用一些含蓄的字眼，如「大概、或許、差不多；好像、似乎、也可以」……。這些字眼像潤滑劑，能緩和人與人之間對立的意見，使氣氛變得寬容而有彈性，較適合開放而多元的今日社會之需要。當然，這種含蓄態度是與鄉愿作風截然不同的。我的意思是：自己的立場要堅持，但是表達方式不妨婉轉些。

有了判斷就可以進行推論。推論的規則相當複雜，不是本文所能盡述。一般人往往從單純的因果脈絡去推理，好像事情是以直線的進程在發展；事實上，一個原因可能造成許多結果，一個結果也可能來自許多原因，同時更有各種互為因果的情形存在。譬如甲乙二人都反對奴隸制度，甲說：「因為有主人，所以有奴隸。」乙說：「因為有奴隸，所以有主人。」這兩種說法表面看來都有一些理由，但是後續的推論就針鋒相對了；甲主張：「因此，讓我們來憎恨主人。」乙主張：「因此，讓我們來歧視奴隸。」他們忽略了主奴關係是互為因果的。

由此可見，思考規則可以幫助我們合乎邏輯，在運用概念、判斷與推論時，較為清晰準確。但是，要想獨立思考，還須多多觀察及體驗人生，尤其要多讀好書，參考別人的思考途徑——因為，所謂「獨立」並不是指標新立異，而是指知道：是自己在判斷，所以應該由自己負起責任來。

3 如何運用語言

我們每天都在使用語言，但是未必知道語言的規則、意義與用法，也不一定知道語言可以開拓我們心靈世界的向度。如果在這方面多費些心思，生活的內涵會變得更豐富、更有趣。

舉例來說，我們到市立美術館走一圈，往往會聽到有人讚歎：「這幅畫真美！」如果你求知若渴，上前冒昧請教：「閣下所謂的『美』是什麼意思？」恐怕對方不是支吾其詞，就是語焉不詳，不然就會覺得你這個發問的人殺風景、找麻煩，真是無聊。然而，類似的情形隨時可見，只是我們沒有說出來而已。一天之中，有多少人問我們：「你好嗎？」我們幾乎像套用公式一樣，總是回答：「我很好，你呢？」但是，「你所謂的『好』是什麼意思？」這個問題卻隱隱在心中盤旋。仔細分析，這個「好」可以涵括許多意思，如：身體健康，心情愉快，事業順利，家庭平安，甚至吃過了飯，睡飽了覺。不同的朋友說「你好嗎？」就有各種不同的涵義組合，實在很難一言以蔽之。

因此，語言的目的原是為了溝通，結果卻常常造成反效果，產生誤會與隔閡。為了儘量避免這種情況，首先我們要認識語言的特性。語言是一套有組織有系統的符號（如單字及片語），與這些符號的造句規則。任何符號都必須符合三個條件，就是：明確性、一貫性、普遍性。翻開任何一本字典，就知道在理論上，每一個字都有明確的定義，一貫的用法，普遍的指涉。為什麼只是「在理論上」呢？因為語言是人用來表達他對實存世界的看法的，這種看法在不同的時空就有不同的面貌，甚至在不同的人就有不同的體認。因此，語言「在實際上」有四種表達形式。

一是明指的，如「天空是藍色的」，「今天是端午節」。二是隱喻的，如「國家需要有力的舵手」，「愛情像霧又像花」。三是形上的，如「人心嚮往美善」，「上帝是愛」。四是恆真的，如「中國人就是中國人」，「公事公辦」。

表面上看來，似乎是明指的語句用得最多，我們也時常互相要求「把話說清楚」。但是事實上，許多話是無法說清楚的。愈是真正出自內心的話，愈難說清楚。

因此談戀愛的人喜歡借用「海可枯、石可爛，此情永不渝」來表達心意。子女喜歡向母親輕唱「母親像月亮一樣」。信徒則誠心禱告「上帝是我的牧者」。那麼，我們要如何理解這些語句呢？

隱喻的語句一定有跡可尋，使人透過聯想，發出會心的微笑。恆真的語句可以強化效果，說一不二。最值得深究的是形上的語句，因為其中牽涉的是人的整體感受，表現一個主體的態度。那麼，這一類語句究竟有何意義？我們可以從審美、道德、宗教三種角度來簡單說明。

「這幅畫真美！」並不是一個事實判斷，因此並不要求所有的人認可。它的涵義是：「我很欣賞這幅畫」，同時隱然地希望「別人也會欣賞」。「人應該誠實」這句道德判斷的涵義是：「我決心遵守誠實的誡律」以及「我以誠實與否來判斷一個人的好壞」。離開我這個主體，誠實根本是個空洞的字眼，因此我們不能泛泛地問：「為什麼應該誠實？」宗教上也有類似的情況。當我說：「上帝是愛」時，我的涵義是：「我的生命基礎是愛，我的一生要為愛而奉獻。」我由此表現出高潔的人格與服務的熱忱，然後別人就會承認「上帝是愛」不是一句空話。

如果摒除審美的、道德的與宗教的語句，我們的生活內容將會變得枯燥乏味，我們的語言也會變得俗不可耐。但是若想把這些語言用得恰到好處，則需要兩個條件：一是開放心胸，接納別人由不同境界傳遞來的訊息；二是忠於自我，誠懇表達自己的感受與體驗。如此，久而久之，我們心靈世界的向度就會因著語言而更為充實了。

4 如何認識真相

人與人之間最深刻的關係之一，恐怕是兩位陌生男女由相逢、相識、相愛，到結為連理了。夫妻互相認識的程度，不是局外人所能想像的；但是結婚多年之後，偶爾會迸出下面的話：「想不到你是這樣的人！」「我到現在才算認識你的真相！」這些話可能是在生氣時說的，但是其中未必沒有道理。原因十分簡單：人是會變的。但是會變的東西又如何能有真相呢？因此，更正確的說法是：人有不變的真相與會變的外貌。認識一個人的真相，並不容易。古人說：「人之相交，貴在知心」，「相識滿天下，知交有幾人？」可見一般人對於認識真相是十分嚮往與十分需要的。

人的真相最難認識，物的真相則較為容易掌握，我們就先從認識事物談起。英國哲學家培根（F. Bacon）建議我們破除四種「假相」，以便認識事物真相。第一是「種族假相」，就是人把自己當成宇宙萬物的中心，以人的眼光來看待一切。這樣一來，人就會抹煞事物本身的價值，譬如認為：狗的存在是為了替人看門，豬的存在是為了讓人食用，花的存在是為了供人玩賞。這種「利用」心理，使人無法正確認識動物植物，進而不知珍惜，造成生態失衡，再回過頭來威脅人的存在。只有破除種族假相，我們才能以平常之心認識事物及欣賞事物。

第二是「洞穴假相」，就是以個人的成見來評價一切，像井底之蛙，或者像戴了有色眼鏡來觀察事物。譬如，有些人受過西式教育，產生崇洋思想，喜歡用外國的標準來判斷自己社會的優劣，然後提出不切實際的要求。或者，由於個人遭遇了逆境，就詛咒人生黑暗。因此，只有破除洞穴假相，才能在光天化日之下看清一切。

第三是「市場假相」，就是在聽到人云亦云的傳言時，不經考慮便以為真。市場是消息散布最快的地方，這些消息往往是捕風捉影的無根之談。如果無法細加明辨，就難免迷失在群眾中，這時不僅不能認識事情的真相，反而會連自己是誰都忘記了。除非破除市場假相，否則無法擺脫別人的干擾，也無法以清醒的頭腦去區分真偽。

第四是「劇場假相」，就是盲目接受一套觀念架構或思想系統，用以解釋宇宙與人生。我們在觀賞戲劇的時候，很容易受劇情影響，隨之喜怒哀樂，甚至把自己想像為劇中人物。從這種角度來認識一切，怎能不偏離事物的真正面貌呢？孟子說：「盡信書，不如無書。」歌德說：「一切理論都是灰色的，生命之樹卻是常青的。」真正的智慧是由親自體貼生命而孕發的。

破除以上四種假相之後，我們的心靈就能不受遮蔽，可以讓事物的真相自然而然地呈現出來。但是，「人」的真相又要如何去認識呢？這個問題大概是沒有標準答案的。我個人喜歡採用「自由想像法」與「價值界定法」。所謂「自由想像法」，就是先把一個人的所有特色列出，像身高、體重、家世、性格、學問、專長、財富、地位、名聲等，然後自由想像：刪除某一樣特色，他還是他嗎？如此，一樣一樣刪除，直到不可刪除的部分，那就是他的本質了。但是，一個人不可刪除的部分往往不只一樣，因此還需要採用「價值界定法」。

所謂「價值界定法」，就是要了解一個人對於事物的本末輕重的看法。譬如，他對愛情、事業、家庭、子女、權力、功名、利祿等，究竟有何優先順序；更重要的是，什麼是他的一生目標？亦即，他的終極關懷是什麼？了解一個人的終極關懷，就等於認識他潛藏心底、恆存不改、永不褪色的真相。有慧眼，才能識英雄；是好漢，才會相惺惜。我們若想認識英雄好漢，必須自己先有超凡的胸襟與眼光，否則難免失之交臂。因此，我們在認識別人的真相之前，首先要認識自己的真相，就是要認清：我是誰？我正在做什麼？我做的對不對？為什麼？

5 如何進行推論

看過《神探福爾摩斯》這部影集的人，對於福爾摩斯的推理技巧往往會覺得十分佩服。他的推理技巧可以歸納為三點特色，前兩點是細心觀察與大膽聯想。這兩點的預設是：任何可見的蛛絲馬跡都可能洩漏祕密的情節，因此必須細心觀察，收集一些相關資料；同時，人、地、事、物之間的組合關係，可以經由大膽的聯想，找出每一種合理的狀況，其中必有正確的解答。這兩點都不難學會及應用。

不過，第三點特色才是福爾摩斯的真正本領，那就是他對人的透澈認識。他對於人性的弱點，如貪嗔痴，對於人際的複雜關係，如恩怨情仇，都有基本的了解。他知道人有理性，說話做事都有一定的邏輯步驟；他也知道人是自由的，可以不按牌理出牌，做出一些莫名其妙的事。換言之，他除了善於推「理」之外，也善於推「情」、推「意」，因此能夠屢破奇案，贏得「神探」的雅號。這種本領不是一般人可以輕易學會的。

我們在應用推論時，很容易忽略「人」的因素，以致無法明辨真相。孔子的學生裡面，精於言語論辯的首推宰予，宰予曾以嚴謹的推論技巧向孔子提出一個難題：為父母守喪三年未免太久了，應該守喪一年就夠了。理由是：如果三年不去照應及實行「禮樂」，則將禮壞樂崩；何況我們食用的稻穀一年即可收成，我們用的火種也是一年換新；因此，守喪一年就夠了。宰予這種推論相當有力，因為他兼顧了人文世界的要求以及自然世界的規律。那麼，孔子如何答覆他呢？孔子並不否認他的各種理由，卻只是反問他：在三年之內吃得豐盛、穿得華麗，「你心裡覺得安適嗎？」這是推之於「情」；然後又說：「只要安心，你就自行去做吧！」這是推之於「意」。凡是與人有關的問題，都必須兼顧理、情、意，然後才能進行正確的推論。

關於情與意，當然並非全是不合理的，因為其中也有基本的運作方式。不過，由於它們牽涉主體太深，很難抽象憑空談出什麼結果。我們不妨先說明推理的部分。

推理由近及遠，從眼前明確的資料推知它的合理結論。因此，其中最重要的並非結論的真偽，而是推論的形式與過程是否合乎邏輯。以演繹法中的「三段論證」為例，我們可以略加說明。例一：

大前提：「黃牛會耕田。」

小前提：「張三是黃牛。」

結論：「張三會耕田。」

例一的結論也許是對的，就是張三真的會耕田，但是這個論證卻是錯的，因為大小前提中的兩個「黃牛」是歧義的。換言之，它犯了「四個名詞」的錯誤，以致形成無效的推論。再看例二：

大前提：「人是會說話的。」

小前提：「白人是會說話的。」

結論：「白人是人。」

例二的結論也對，但是論證還是無效，因為「會說話的」在兩個前提裡都不周延，無法扮演媒介的角色。否則請看例三：

大前提：「人是會說話的。」

小前提：「有些鸚鵡是會說話的。」

結論：「有些鸚鵡是人。」

這個論證的結論顯然錯了。因此，推論的形式是否正確，有時與其結論的真偽無關，但是如果我們想從事整體的、長期的、深入的研究，就不能靠運氣碰巧找到正確的結論，而應該熟習各種論證的運用規則，以便保障推論的有效性。像上述三例的錯誤，只是最粗淺的例子而已，這些在每一本「邏輯」書中，都會有系統而完備的介紹。本文限於篇幅，只能點到為止。

推論本身就會帶來樂趣，使人有發現結論的喜悅。但是在與人有關的事務上，務必要謹慎，在沒有考慮到情與意時，請暫時保留你的結論。

6 如何解釋人生

人生像是一場無法逃避的考試，每一個人面對的題目都大同小異，但是大家不可能互相抄襲答案，只能互相參考解法，因為人生的試題根本沒有標準答案。所謂「沒有標準答案」，並不表示人生可以不必分辨善惡是非，更不表示人生只是南柯一夢。相反的，它的意思是：每一個人都必須提出自己的答案，就是以自己的抉擇與行動去作答；同時自己也須參與評分，論斷自己的成敗；更重要的是，只要還有一口氣在，每一個人都有希望贏得這場考試。

既然大家的題目都大同小異，不外乎是生老病死的處境，窮達順逆的際遇，以及喜怒哀樂的感受，那麼為什麼有些人樂觀奮鬥，有些人悲觀洩氣？有些人珍惜每一分每一秒，有些人卻像失舵之舟隨波逐流，浪費生命？關鍵的差別就在於大家對人生的解釋不同。

我們應該如何解釋人生呢？以下四個步驟可以做為參考：一，認清自己的現況；二，欣賞古人的典型；三，評估今人的作為；四，選擇自己的方向。

首先，認清自己的現況，必須兼顧外在與內在自我。外在自我是一個人在各種團體（如家庭、學校、機關、社會、國家）裡面所扮演的角色之總和。由於這些角色具有多樣性、異質性而不易充分協調，因此內在自我顯得更加重要。要想認清內在自我，首先可以看看自己所交的朋友。朋友得自「同聲相應、同氣相求」，在不知不覺中反映了自己的性向。其次不妨回憶生平最苦之事與最樂之事，在這兩極之間為自己定位，找出趨吉避凶之道。當然，最好的辦法是經常反省，給自己時間，與自己交談，跟自己作朋友。如果你不能接受自己、肯定自己，又怎能正視命運的挑戰？

接著，我們要欣賞古人的典型。古人之可貴，在於他們通過歷史的檢驗，在有限的文字紀錄中，留下各種生動的畫面，我們可以「擇其善者而從之，其不善者而改之」。他們在不同的時間空間裡，展現完整的生命風格，為人類的潛力定下座標。我們在閱讀英雄豪傑的傳記時，油然而生「有為者亦若是」的嚮往之情，從而激發蹈厲飛揚的志節，不願虛度此生。存在主義哲學家雅士培（K. Jaspers）綜觀歷史上的偉人，推舉「蘇格拉底、佛陀、孔子、耶穌」為四大聖哲，值得所有的人奉為典範，原因之一就是他們證明了人類在精神上、智慧上、道德上，可以達到無限完美的地步。

然後，為什麼要評估今人的作為呢？因為今人與我們生活在相同的時空裡，承受相似的命運，好像風雨同舟的旅客，必須攜手合作，才能度過難關。耶穌的門徒不僅要彼此相愛，還須以慈愛對待一切的人。佛陀的悲憫普及眾生，人人都應互相擔待。孔子的弟子也說：四海之內皆兄弟也。我們並不因此抹煞人與人之間的差異，卻反而由於珍惜共同的前景，要深刻思索現代人的作為所隱含的價值系統，看看它是否偏離了人性的常軌，正在走向彌天大禍？我們不能撇開現實來談理想，卻反而要以清醒的心智投入現世的搏鬥，讓世界因著我們的存在而更為美好。

最後也最重要的，就是選擇自己的方向。所謂「自己的方向」，並不是指標新立異或衝決習俗，而是指內心的態度：在清楚知道自己的意願之後，能以堅定的步伐向著目標前進。人生不是直線賽跑，大多數時候都是在迂迴往返的過程中；但是只要不迷失、不倦怠、不放棄，則過程本身的每一階段都足以使我們的心靈充實欣慰。凡走過的，必留下足跡；凡奮鬥的，必經歷成長。希臘悲劇裡「伊迪帕斯王」的遭遇至為悽慘，但是他在放逐異鄉、目盲體衰的老年，仍然坦承內心的信念：「一切都很好！」

我們有理性，可以明白事理，因此經由好學與深思，能夠澈悟人生真相。然而，解釋人生，不能光靠理性，還須付諸行動，擔起責任。真正的解釋就是創造。

7 如何展現自我

羅馬皇帝奧雷流士（Aurelius）說過：「不要滿不在乎的過日子，好像你可以活一千年似的。」人生終究是有窮的，但是隨著既定的軌跡往前走，周而復始，年復一年，也可以不知老之將至。

然而，總有一些關鍵時刻，會使人驀然驚醒，想起較為深刻的問題，像：我這一生到底是為了什麼？我正在實現自己的理想，還是遺忘了自己的面貌？這些問題幫助我們修正人生的航線，增強生命的密度，察覺自己的獨特與可貴，並以全新的勇氣迎向未來的挑戰。

德國哲學家雅士培探討前面所謂的關鍵時刻，稱之為「界限狀況」，就像一個人走到了懸崖邊，前無去路，必須認真地作個反省。這種反省不是枝枝節節地針對自己所做的某一件事或所說的某一句話，而是以全盤籠罩的方式直探生命的意義問題。

由於「界限狀況」，人的自我得以擺脫各種遮蔽與屏障，清楚地展現出來。我們在此簡單介紹三種界限狀況，並略加說明。

首先，人在生理上會遇到界限狀況。譬如，疾病使人不得不承認身體的脆弱與生命的限度。醫院的濃烈藥味與純白色系，反襯出一種揮之不去的陰暗與無奈。沒有人喜歡生病，但是生病如果讓人沉思，想通一些人生哲理，進而珍惜病癒之後的時光，則未嘗不是一種收穫。死亡是人的大限；可惜的是，當我們看到或聽到「別人」死亡的消息時，很少想到「自己」也是會死的，即使想到，也儘快將它拋諸腦後。如果死亡是人類的大敵，那麼，不去面對它，又怎麼戰勝它呢？如果死亡是人類的命運，那麼，對它採取正確的態度，才能顯豁人生的意義與人格的尊嚴。「死，有重於泰山，有輕於鴻毛」，這句話正是出於類似的體認。

其次，人在心理上會遭遇界限狀況。以大學生為例，平日自認是社會的良知，充滿理想與抱負，主張正義，嫉惡如仇，令人覺得既可敬又可愛。但是在考試時，偶然會有作弊的念頭，離開學校，進入社會之後，也偶然會禁不住產生貪汙的意念。這時，人就面臨心理上的界限狀況了。他必須正視罪惡的誘惑與人性的弱點，承認內心也有黑暗的一角，然後以更大的警惕心督促自己。我曾經問過學生一個殘酷的問題：如果你是個高級官員，我相信一萬元，十萬元，甚至一百萬元都不能賄賂你，但是，一千萬元，一億元，十億元呢？只要你終究能被賄賂，你的人格就無法傲然挺立，你的尊嚴就會蒙上汙點。但是，誰知道自己的能耐如何？蜀漢劉備說：「勿以惡小而為之，勿以善小而不為」，就是勉勵人在小事上自我磨練，在每一次內心遭遇矛盾、衝突、痛苦時，就要把握機會反省，認清自己的性格、能力、長處、短處，然後進行自我教育。

最後，精神上的界限狀況也會使人發現自我。譬如，我們從小就接受父母與師長的諄諄告誡，要求我們「行善避惡」，因為「善有善報，惡有惡報」。我們以此做為立身處世的原則，直到年紀稍長，知道社會上千奇百怪的現象，似乎並不符合這一原則。此時，心中難免疑惑：究竟人生的判斷標準是什麼？善惡難道沒有任何報應嗎？思考這些問題本身，就能使一個人逐漸成熟。至於答案，可以接受「不是不報，時候未到」，也可以肯定「但求無愧於心」，然後堅持走在「行善避惡」的旅途上。通過這一層考驗，則人生意境自然開闊，會有「獨上高樓，望盡天涯路」的氣概。

以上三種界限狀況是每一個人早晚都會遇上的，因此每一個人都有同樣的機會，可以展現自我，深入省思自我的存在之方向與目標。生命的質勝於生命的量，活得長短，難免取決於一些外在因素，活得踏實與否，則完全是自己可以決定的。

8 哲學對當代人的意義

我們反省當代的情況，很容易可以發現：當代是處在一個前所未有的狀況中，此可借史懷哲在《文明的哲學》一書中所說的五個特色來加以說明，即「無根、無人、無心、無情、無我。」

所謂「無根」，一是指自然界，二是指家庭。我們若說現代人無根，意指現代人脫離了與自然界的關係。然而，若我們仔細體察自然界的韻律的話，將會發現生命是有密度的。譬如，說一個人生命沒有密度，即指此人自出生到八十歲，一直都是鬆散無力的，他的一生是每一個人都要走過的，只有擴張性、延伸性而無內涵。而一個現代人如果脫離了與大自然的相互關係，或許他的生命可活得很長，但活一百年與活一年無異，這便成了現代人最危險的地方。

其次是「家庭」。家庭也是人類的根——人類具有比其他動物更長的幼兒依賴期，而家庭對一個人而言，本身即是一個奧祕。但現代人由於現實工商社會所造成的趨勢，不知不覺間將家庭只是當成一個類似「旅館」的地方，遂使家庭這人類生命的根逐漸失去其原本應有的意義。

接著，要談「無人」。現代社會的最大特徵即是分工，追求效率。人是具有多面性向的，然而這多面性向在現代社會中往往只剩下一面而已。人們忽略了自己是個「人」，對「人」缺乏完整的了解，於是對所看到的人便先加以分類，而分別予以對付，忽略了對人之所以為人的了解。此外，有時因社會分工得太細，反而把人類變為只當成一種「工具」來加以使用。此點說得最好的，例如結構主義。在結構主義中就有一句基本口號說：「人死了」，同樣地，尼采也曾疾呼過「上帝死了。」後者顯示近代基督宗教的沒落，斬斷了西方人價值系統的最後依據，造成價值判斷的紊亂；而前者則說人類的「真生命」死了，只剩下一個冷冰冰的結構，猶如機器一般，而人的自由也是假的。

第三點是「無心」，意即缺乏內在性。人們只求追尋外在的目標與價值標準，缺乏對自己內心世界的照顧。例如：消遣流於打發時間，而不是向重新創造我們的生命力這一面來發展。

第四點是「無情」。我要認識的人太多，於是每一個人都成為陌生人，感情分散，淪於表面，而缺乏深度。例如：最初從電視中看到非洲饑民的報導時，心中很是感動，但一旦接觸多了，就變得麻木了。

最後是「無我」。例如，我們經常因電視報章雜誌的報導，而以別人的意見為意見，群眾的意見反成為自己的意見，喪失了自己獨立判斷的自主地位。

至於哲學能對上述情形提供何種幫助，我們可從三方面來了解：

一、哲學要培養智慧。但智慧不是感官知覺，也不等同於知識，智慧乃是對本體世界的洞視，需要培養，並從內在去體驗。談到智慧的培養時，包含三部分：聞、思、修。聞即聽聞，思即思考，修即實踐，此三者深淺不同，愈是後者愈是深刻真實。智慧本身絕非是烏托邦式的空想，而是與實踐密不可分的。

二、哲學要發現真理。但何謂真理？真理本身的存在是絕對的，但當人們想去掌握它時，真理已成為對象，而一成為人認識的對象時必然變成相對的，因此人們便永遠只能在相對的世界中透過各種方式來形容這個真理。是故佛說：「不可說，不可說。」一說便不是這個絕對真理了，於是只能勉強加以描述，而說亦歸於無說，因此佛乃有云：「我說法四十五年，未嘗道得一字。」因你一想把真理當作對象來加以研究時，已非真理本身了，這也是耶穌基督喜歡用譬喻的緣故——只能借用「象徵語言」而非「指涉語言」來顯示真理，因真理本身不是我們的對象，只有透過比喻，讓我們不執著語言，來領會它背後的真實情況。由此看來，這絕對真理的發現已不再是屬於客觀性的描述研究，也不再是以符合、相對應來做為真理的標準；而是一種呈顯，一種主體性的呈顯。關於這點講得最好的，以存在主義者海德格為代表。

三、哲學要印證價值。但何謂價值？例如：若我們問這桌子、這東西有沒有價值，事實上這種說法本身便是一種誤用。因為價值是不能脫離主體來談——沒有主體就沒有價值。事物的價值，是透過選擇，由人的選擇呈現出來。然而在這印證價值的過程中，最後的判斷標準何在？為什麼我們一定要這樣而不選擇那樣，這就是哲學所應關心探求的問題。

以上三者之說法並非憑空而來，乃是針對人的完整性而加以說明。因為人有知、情、意三方面。知——理智——追求的是智慧，但只能得到知識，若要得到智慧，則必須超越理智。因為理智的本質在訴諸主客對立，一定要有認識的對象才能夠運作；而智慧則在探求絕對真理本身，故須超越主客對立的層面。至於情——情感與真理間有何關聯？當我們在探尋真理時，就必須體驗我們的情感，情感在何時自覺被一種天生的力量所吸引住而不能控制自己，那時真理才能藉此顯示出來；亦即真理不是理智所能掌握的，而要訴諸情感——那種自然而不可抑扼的感應，因為那是生命的根源，是最自然真切不過的了。最後是意——意志，只有意志能與價值發生關聯。

因此，我們說哲學是培養智慧、發現真理、印證價值，並非是任意說說的，乃是針對人之具有知情意三方面而言，滿全了人這三方面的本性的，就是哲學。

最後，如果我們對哲學能有這樣的基本了解，並對時代亦能有正確的認識，如此再進一步來了解中國的哲學傳統，那麼若要化解前面所分析的現代人的處境，當能有所助益。

輯三

人間關懷

1 人文素養

素養是指廣義的藝術，藝術則必須訴諸人的整體感受。譬如，人都有視覺與聽覺，因此不得不看到、聽到一些東西，但是人也有主動能力，可以「選擇」他所要看與所要聽的，這就是品味問題。不僅如此，人生還難免遭遇各種處境，如窮達順逆，因此心靈的「態度」非常重要。決定心靈態度的，正如決定人的品味的，就是人文素養。

以視覺為例，現代人習慣於都市的公寓生活，對於大自然頗覺疏隔，因此客廳中不妨懸掛一幅山水或花鳥，以濟潤焦枯的環境；書房中則以懸掛字畫或抽象畫為宜，用以穩定心神，幫助思考。建築與雕刻不是家中輕易可見的，因此暇時經常參觀寺廟、教堂、紀念館、博物館，將容易感受永恆的傳統與文化的生機。舞蹈是複雜的藝術，但是作為觀賞的對象時，仍以表達某種意念為主；作為個人的休閒活動時，則缺乏知性意味，轉而以疏導情緒為主。電影電視是當代視覺藝術的主流，但是不管表現手法如何翻新，演員技巧如何傑出，仍然必須仰仗好的劇本。有的影片讓人回味，有的則讓人遺忘；有的影片激起觀眾的生命力，有的則純粹浪費時間。同一部電影也會帶給每一個人不同的感受，因為人文素養隱藏於每人心中。

就聽覺而言，一首樂曲表現了某一旋律，使聽者內心產生共鳴。有歌詞的樂曲較具個別性，適於某種特定心境的需要，歌者的音色、技巧將影響聽者的感受：不同的人唱，就有不同的風韻；自己唱則更可紓解當下的情懷，因此卡拉ＯＫ到處盛行。但是，有歌詞的樂曲由於其個別性與特定性，也就有了明顯的限制性。恆久保存、深入人心的仍舊是無歌詞的樂曲，或是有歌詞而無特定歌者的曲調，像我們所欣賞的古典音樂，尤其是交響曲或各種樂器的演奏。這時所有的，只是旋律，聽者可以縱情想像，一會兒如登雲霧，一會兒如臨汪洋，忽然千軍萬馬奔騰而來，忽然淵停嶽峙天機澄明。隨著樂曲的結束，我們的心靈經歷了洗滌，或是平靜安詳，或是重生再起。

為什麼會如此？因為人文素養的目的是要讓一個人的真正自我展現出來，擺脫物質世界的種種牽扯與羈絆，由此步入更自由、更自主的境界。人文素養是每一個人都需要的，是每一個人在內心都嚮往的。

2 愛與人性

人性的真相是什麼？

這個問題雖然大而無當，沒有標準答案，但是古今多少哲人智士依舊殫精竭慮，提出各種見解；因為若不如此，則無法說明人類社會的繁複現象，亦無法為芸芸眾生指點當前的處境與未來的方向。

換言之，每個時代的人都必須自行面對「人性真相」的問題，構想一些合理的答案。就我們所處的二十世紀來看，這一類答案很少由傳統的人文科學，如文學、史學、哲學來提供，卻往往由實證的社會科學，如社會學、人類學、心理學來提供，實在是一件值得注意的事。更特別的是，社會科學又一致地向自然科學看齊，重視資料之收集、排列、歸納、統計、實驗、檢證。這種嚴謹的方法與認真的態度，的確是認識一樣「事物」的最好辦法。可惜，人並不只是一樣事物而已。

影響所及，一般知識分子的人性觀難免懸浮在以下二者之間：就人的自然體質來說，接受達爾文的進化論假設；就人的心靈意識來說，則以佛洛伊德的心理學為依歸。這種人性觀形成了現代社會的一些特色，譬如：以人間為物競天擇的叢林，以人生為漫無目的的盲動，對義務與責任抱著冷漠的反感，追逐瞬間的快樂與空洞的自我實現。如果有人可以超拔於上述特色之外，那多半是因為他信守某一傳統、某一宗教，或某一哲學。

但是，我們不能不經反省就接受某種積極的信念，就像我們不能隨俗浮沉、人云亦云一樣。我們也該重視經驗的檢證。問題是哪些經驗屬於人性的本質部分？

美國心理學家蓋林（Willard Gaylin）在《重新發現愛》一書，強調「愛」是人類經驗的核心部分。愛的能力來自以下三種天性：一是想像力，二是不受本能拘束的自由，三是長期的幼兒依賴。這三者可以分別簡稱為：創意、自律、依他。創意使人努力奮鬥、日新又新，自律使人肯定主體的地位與尊嚴，依他則使人邁向主體與主體之間的相互關懷與責任。只要是人，都能夠愛，也都需要愛。

蓋林的說法中，最讓人激賞的，是他指出「長期的幼兒依賴」這一點。因為這是人類的特色，使得父母與子女的親密關係能夠涵蓋生物學、心理學、倫理學三方面的需要。子女成人之後，依然有類似的需要；亦即，人生無時無刻不是處在人際互動的網絡中，因此，廣義的「愛」是我們洞識人性真相的主要線索。這條線索雖然日益模糊難辨，但是絕不會完全消失。

3 美的體驗

愛美是人的天性。然而，什麼是美？當我們覺得某人或某物看來很美時，我們是在欣賞它的客觀條件，還是在表達自己的主觀意念？或者，那只是介於主客之間的一種模糊感受？說明這些問題的學問，稱為美學。美學裡面，派別分歧，各執一詞，實在是不難想像的事。

亞里斯多德認為：美的形式是秩序、匀稱與明確。因此，凡是各部分配合得秩序井然、比例均勻、結構清楚的人或物，就是美的。這種說法大體不錯，但是與實際情況相去甚遠。世間許多事物並無所謂的部分，如太陽、月亮，因此不具備上述形式，但是卻經常成為美的對象。其次，這種形式往往因人、因地、因時而改變，所以每個民族所留在博物館的藝術品千差萬別。同時，這種說法無法解釋像「醜美」、「缺陷美」之類的現象。至於「情人眼裡出西施」，則更是難以索解的祕密了。

因此，在美的體驗中，主體的角色才是關鍵。然而，主體如何扮演他的角色呢？康德強調一種「無所用心」的態度，亦即不去注意對象的利害關係，甚至不在乎對象是否存在，只看它能否在主體心中引起愉快的感受，但是康德所謂的愉快感受，既非官能的舒適，亦非概念的吻合，而是指主體的認識能力得以自由活動、和諧發展而言。這種說法的問題之一是：為何某些對象具有神奇的力量，特別容易引發我們的美感？只要稍加統計，不難發現古今名畫的題材是相當有限的。此外，無所用心的態度只能帶我們趨近美感之門，卻無法帶我們登堂入室。我們應該滌除內心的實際顧慮，以便欣賞某一對象，但是這一對象在主體身上所引發的是秀美、壯美、或其他類型的美，其深度如何，震撼力多強，則不是「無所用心」所能涵蓋的。它與欣賞者的生命背景密切相關，同時為欣賞者展現新的生命向度。

美的體驗是主客合一的境界。這種境界不能使人超越既存的困境，像鴕鳥一樣的逃避現實，但是卻能使人敞開心胸，接受事物的真相，不論這真相之是非、善惡、美醜、對錯如何。同時，主體的情感世界之豐富性與深刻性，也隨著這種觸動而得以宣洩。平凡、瑣碎、煩囂的現實世界並未因而受到否定，但是卻在這一剎那受到穿透。

美的體驗使心靈自由，擺脫物質環境的拘限，向著更高的理想提升。美的體驗可能僅僅維持一剎那，但是它所要求的適當心態則是前此人生經歷的總和，同時它的事後餘震可能蕩漾不已，值得珍惜品味。

4 敬畏之心

科學與宗教之間存在著對峙張力，似乎是大家習以為常的想法。事實上，科學家所批評的往往是宗教界人士的頑固心態，或者是僵化的宗教制度與某些過時的教義，而較少涉及宗教信仰的對象，亦即並未對宇宙的奧祕與上帝的存在提出質疑。

凡是對宇宙的奧祕存著敬畏之心的人，自然容易體察生命的深刻一面，從而善自珍惜言行，表現較為高潔的人格。牛頓（Newton）是古典物理學的奠基者，成就不可謂不大，才華不可謂不高，但是仍然謙稱自己「只是在沙灘上拾貝殼的小孩」。偶爾拾獲幾顆晶瑩的貝殼，當然不足以讓人宣稱認識了海洋的底蘊。牛頓的謙虛是對的，否則後起的科學家如何超越前賢？科學的進展又如何可能？

愛因斯坦（Einstein）憑其一人之智，幾乎改變了當代人的宇宙觀念，但是他心中最珍惜的想法是什麼？是對「奧祕」的敬畏與感受，由此引發他的人文主義，值得我們重視。以下簡單介紹愛因斯坦的想法。

「人與人應該互相幫助，彼此容忍，因為每個人都受到外在壓力與內在驅力的制約，而不是完全自由的。人生的意義不能光靠理性去認知，因為有意義的生活是源於某些信念，由之指導人的希望與抉擇。使我覺得生命可貴的，是「善、美、真」；任何其他求取安慰或幸福的途徑，都是我所不屑的。功名利祿、物質享受，是我所鄙視的；最適於人性的，是單純而不做作的生活方式。我追求社會正義及社會責任，但從不企望成為社會主義者。我努力回歸自我，以使精神獨立自由。我贊成民主，重視每一位個人，因為個人能夠思考、作主、負責。個人又有創造力與感受力，可以轉化提升為高貴文雅的心靈。

人生有許多經驗，其中最美的莫過於對「奧祕界」的親證；這是藝術的根源，也是科學的根源。不曾有過此種經驗的人，不能以驚異之心停下腳步，並以敬畏之心默觀奧祕的人，實在是虛度此生。我們知道無法認識之物存在，同時感受他展現為至高的智慧與至美的真理，我們這種知道與感受，是真正的宗教情操之核心。」

由此可見，愛因斯坦不僅不以科學家的身分去反對宗教，反而在普遍人性中找到宗教情操之源頭。他的這些想法當然不能在實驗室中「拿出證據來」，但是使他以平靜心情發揮驚人天才，步步接近宇宙奧祕的，使他洞察人性深處的嚮往，並成為二十世紀良知呼聲的，正是這種敬畏之心。科學精神是實事求是的，當我們忠實面對自己時，能夠忽略內心對永恆價值的渴慕嗎？

5 現實指南

我們在應付現實處境時，往往求助於一些「指南」，譬如教我們「如何」駕車、游泳、插花、烹調、縫紉、打拳、節食、購物等等的小冊子。類似的指南，還包括學習外語、談判技巧、人際關係等。如果用心照著去做，可以收到立竿見影的效果。

但是現實處境充滿無窮的變數，最難以預測的莫過於與人有關的一切。曾幾何時，我們習慣於把人當作「問題」來看待，從幼兒問題及青少年問題，到老年問題，至於介於兩者之間的成年人更是問題重重：像兩性關係問題、婚姻問題、家庭問題、外遇問題、單親問題、職業問題、健康問題等，令人感慨人生之艱困。

為了應付這些棘手的問題，各種指南紛紛出籠，先是列舉各種問題的成因，然後收集個案加以解析，提出類似公式的格言或祕方，做為萬靈的對治之道。然而，問題照樣層出不窮，問題人口也逐年增加。這其中的關鍵，恐怕是各派專家的心理不夠正確，那就是「迎合現實」。

「迎合現實」的第一個特色是：停止價值判斷。事情已經發生了，所以不必追究責任；或者，事情既然發生，一定大家都有責任，所以追究也無用。這種強調事實而輕忽價值的風氣，漸漸使人不分青紅皂白、善惡是非，放棄任何需要堅持的理想，轉而爭取當下的快意，先下手為強，管他什麼道不道義。

「迎合現實」的第二個特色是：好死不如賴活著。不管發生什麼事，都要努力活下去；活著最重要，「活」什麼樣的生命，就無所謂了。這種想法絕對不會使一個人珍惜自己、重視自己、欣賞自己。這樣的人很難不陷入自暴自棄的困境，繼續製造更多更大的問題。

當然，我們並不否認許多指南可以暫時撫慰人心，但是要想擺脫問題的牢籠，則必須人心自求安頓。要想自求安頓，不能靠社會學或人類學這些訴諸歸納法與實證論的學科，也不能完全依賴心理學。心理學可以回答「人要什麼？」就是人在某種情境下的需要。由於人的情境可以由分類歸納來掌握，因此人的需要可以予以清楚界定。人不能離開情境，所以心理學不僅十分有用，而且不可或缺。但是人除了「需要」的問題，還有「應該」的問題。亦即，人除了生活在事實中，還須生活在價值中。人的應該與價值，則與「人是什麼？」互為表裡。如果有人規勸我們多讀古聖先賢的傑作，我們或許會覺得迂闊費時，但是自己在問題中茫然打轉，窮於應付，人生又有何樂趣？

6 承受考驗

某日午後一時，正準備小睡片刻，聽見門鈴響了。我以為是掛號信，但是隔著鐵門卻看到一位陌生的年輕男孩。他輕聲說，要找傅教授；但是我並不認得他；他再說明自己正在服役，不久以前曾冒昧寫過一封信給我，我立即想起這件事，一面請他入屋，一面說我正在考慮怎樣回信給他。

他坐定後，重複他在信中的問題。他自幼夢想成為科學家，初中畢業後，考取中興中學，但為了工作養家，轉入夜間部。他沒有考取大學就當兵去了。他滿心希望在兩年當兵期間，好好溫習功課，將來考取理想大學的電機系。然而事與願違，他分發到工程部隊，從事最耗體力與時間的建築工程，完全沒有空閒可以自行利用。

問題一：他要繼續爭取改調化學部隊呢？還是默默承受目前的考驗？

問題二：改調希望渺茫，只好承受考驗；但是當完兵後又要工作，如何才能考上大學？

這兩個問題客觀說來，並不難回答。譬如：默默承受與爭取改調，兩者並不衝突，可以抱著「得之我幸，不得我命」的態度為之。當完兵後必須工作，不妨利用晚上時間去補習，晚一兩年上路，照樣可以跑完全程。

我說完這些看法後，請他繼續思考一些情況，譬如：許多人到外島前線服役，不但備極辛勞，而且還有思鄉之苦。比起他在本島擔任工程工兵，那些年輕人不是更覺難以忍受嗎？其次，人生如果立志成大事、走遠路，那麼在年輕時承受種種嚴格的考驗，正是磨練自己耐力與韌力的最佳機會。若能通過這些考驗，將來面臨人生大風大浪時，也就不會張皇失措了。一兩年很快就會過去，不妨把目標放在遠處，心胸自會開闊坦然。重要的是，現在如果不能負責盡職，將來又怎能肯定自己會負責盡職呢？

這位年輕人聽我說到這裡，立即起身告辭。我無法從他的表情看出他是被我說服了？還是不耐煩聽下去？我不是心理醫生，無法揣摩別人的心意。但是如果以為我不能體會別人的苦痛，或者以為我不曾遭遇重大的考驗，那就完全猜錯了。人生到處都有考驗，只要你不採取任何麻醉自己的手段，像嗜菸、酗酒、狂歡、縱樂等，那麼你的考驗就無一不是真切的、深刻的、全面的，你由這些考驗也無一不能體察內心世界的震撼、擴張、提升。

生命的質勝於生命的量；只要隨時品味人生的點點滴滴，每一剎那都是值得我們珍惜的。

7 青年的夢

無夢的人生是不堪設想的。夢使人在平凡重複的事象中，看到新穎多樣的可能性，再由此孕發創造的靈感與生活的勇氣。青年有夢，原是極其自然的事，但是夢與現實世界之間的對峙張力，又往往使他們惶惑不安，陷於自我掙扎的困境。我們無法消除這種困境，不過可以提供不同的思考角度來省視「自由、愛情、學識」這三個青年之夢，將它們導入積極進取的人生觀裡。

首先，青年嚮往自由，對於一切禁令都會顯示自發的排斥，而不願追究禁令是否合理。因此，中學生對於髮禁與舞禁的開放，幾乎普遍表示歡迎，大學生對於校園刊物的審查尺度，也逐漸流露過度的在意，這些都無可厚非，但是他們將會發現：真正的自由，必以自主的心態為基礎，不然難免隨人俯仰，依然是個假自由。表面上我們享有選擇的自由，但是內心如果不能確知選擇的理由，則又何異於盲從？同時，自由的表達方式仍舊不能離開某種規範，否則人與人如何交往，如何溝通，又如何能夠相互尊重？至於自由的目的則更重要，亦即要求達成自我實現：就是透過自由，實現自我所獨有的價值，以增益自己生命的內涵，並藉此對於周遭的人群，由家國擴及天下，產生持久的關懷。

其次，青年要有人傾聽他的心聲，分享他的感受，進而與他一起編織生命的錦畫。再多的愛情理論，也抵不過一次戀愛所帶來的深刻體驗。然而，愛情究竟是什麼？為什麼許多人在愛情中受到傷害？原因之一，恐怕是我們只把「愛」看做「情」，而忽略了愛是全人格的付託與許諾，亦即必須同時顧及「知」與「意」的成分。就知而言，愛具有穿透力，可以洞悉及照亮所愛者的內在本質，由此對他產生欣賞與期待。就意而言，愛是抉擇，且是一再的抉擇；對所愛者的一再肯定，正是保持愛情歷久彌新的方法。在愛情中共同成長，是美滿人生的必經之途。

最後，青年的時間大都處在學校裡，對於學識是既畏懼又嚮往的。畏懼來自無盡的考試與升學的壓力，嚮往則出自強烈的求知欲與成就感。這種兩難情緒是無法化解的：一方面「學海無涯」，另一方面「知識即權力」；但是我們必須探本求源，深入追問：學識對生命有何意義？歌德曾說：「一切理論都是灰色的，生命之樹卻是常情的。」這句話只說對了一半，就是主張學識應該為生命所用，但是學識本身超越時空，涵攝人類一切經驗之精華，呈現富麗多采的面貌，正可以激引個人生命的潛存向度，讓這一生過得既充實又成功。

8 母親的愛

上帝無法分身照顧每一個人，因此賜給每人一個母親。聽到這句話的人，不管信不信上帝，都會覺得心中一片溫暖。的確，母親是對我們永不失望的，母親也是我們對她的信心永遠不會落空的人。

儘管時代不同、環境大異，母親的角色愈來愈難扮演：但是母親的愛心則永遠是一樣的。我們從母親的愛心，可以推知人性的普遍需要，進而以愛還愛，以心體心，同時推而廣之，讓天下人都能分享你我的幸福。

母親的愛表現在以下三方面，就是：照顧、鞭策、期許。就照顧而言，我們常用「無微不至」來形容母親的呵護，這對於幼小的生命是不可或缺的。一所專門收容棄嬰的醫院，發現所有的嬰兒都氣色沉悶，只有一個例外，他始終笑咪咪的。經過暗中觀察，才知道差別在於：每天下班後，有一位清潔婦在工作之餘，總要逗逗這個小孩半個小時。小孩感覺自己被人所愛，有一張笑臉看著自己，這就足以激發他內在求生的意志與勇氣。母親的愛更甚於此，我們也因而從小就能感受到生命的熱力與意義。

就鞭策而言，母親的心意可以概括為以下兩句話：一是「孩子，我要你比我幸福！」二是「孩子，我要你比我更強！」這兩句話合起來，就足以說明為何母親總是任勞任怨了。她的勞怨只有一個目的，就是要孩子上進。孩子心中有時也為難，因為「上進」的途徑在今日社會太狹隘了，幾乎成為升學的代名詞。功課好的，是好孩子；功課差的，卻不一定是壞孩子。至於是否考上大學，更與孩子的孝心不相干。在鞭策之下的奮鬥、掙扎、衝突，往往使孩子對於家庭、社會、甚至人生，產生莫名的惶恐與不安。然而，千迴百折之後，母親的愛仍然在那兒，鼓勵你走上自己選擇的途徑：只希望你活得快樂！

母親永遠不會對你失望，因為她對你有「愛」。只要有愛，就能照亮孩子的內在價值，讓他相信自己可以做得更好；然後邀請孩子去實現，給他完全的支持。我們從母親的期許中，體認到世界可以變得更美好，人生可以變得更充實。面臨再大的挑戰，我們也能勇往直前，力圖克服。因為母親一生的主要希望都在我們的身上。

縱使一切都會改變，親情依然存在。有的母親為了生存，必須在社會上扮演強者的角色，她們也有自我要實現。但是，母親的角色仍是所有的女人最希望扮演成功的。因為，這個角色的要求是終身的，它的回饋也是終身的。孩子的成功也是母親的成功。沒有母親的愛，世界不知要黯淡多少呢！

9 正視殘障

衡量一個社會的文明水準，不能光看國民所得或消費能力，還應該看看人與人之間互相對待的方式：富者如何對待貧者？強者如何對待弱者？健康的人如何對待患病的人？理由十分簡單，就是這些角色是可變的，每一個人都可能生病、失意，成為弱者或貧者，因此「如何對待別人」正是「如何對待自己」。

一個國家是已開發或未開發，可以從它對殘障者的態度得到一些線索。以美國為例，「兒童保護基金會」在一九七三年調查發現：全國有八百萬兒童沒有上學，因為學校設備不足以照顧這些在生理上或心理上有殘障的孩子。於是，美國國會在一九七五年通過法案，撥款各校成立特殊班級，讓這些孩子接受妥善的教育。以紐約市為例，全市教育經費預算的五分之一花在特殊教育上面，約值每年十一億美元。至於私人或慈善機構所設立的養護中心，花費還不在此限。

臺北曾上映一部電影，片名《悲憐上帝的女兒》，內容描寫一個青年教師在「啟聰中心」以愛心、耐心及智慧教導一群聾者的感人故事。故事情節固然扣人心弦，但是真正令我佩服的卻是故事的整個背景：譬如，美國的社會福利政策如何優予照顧殘障者，教師們如何以專業訓練來幫助殘障者建立正確的人生觀，家屬們又如何接受殘障的親人，陪著他們走在艱難的世途上。失明、失聰、甚至聾啞，在經過適當的教育之後，仍舊可以過正常的生活，但是所謂「適當的教育」卻不可能由患者家屬來提供，一定需要整個社會的共同力量來支持。事實上，某些患者的天賦並不低於常人，像海倫凱勒就是典型的例子，她的一生不僅激勵了無數殘障者，並且對於全人類也有深刻的啟示：殘障如她，還能充實圓滿地過一生，何況是我們這些正常人呢？我們應該多麼珍惜及發揮自己的潛在能力啊！

曾經榮膺十大傑出青年的鄭豐喜先生，把自己的奮鬥過程寫成一書，名為《汪洋中的一條破船》。當時任行政院長的蔣經國先生特地召見勉勵，並且建議他把「破」字去掉，改為「汪洋中的一條船」。這一字之易，更能顯示鄭氏與環境及命運搏鬥時，不屈不撓的意志，以及他對生命所抱持的堅定信念。他的身體雖然殘障，他的心靈卻健康無比。他的生命雖然短暫，他的精神所散發的熱力卻常存人間。

我們的社會是一個整體，其中所有成員的命運都是休戚與共的；因此，在我們有能力時，應該對殘障者伸出必要的援手。我們要互相扶持。

10 崇拜明星

《父母親月刊》曾以「青少年明星夢」為主題，調查四百九十五名國中學生，結果顯示：百分之七十的青少年，心目中都擁有一個特別崇拜的明星，百分之四十則懷有明星夢。這樣的調查結果，不僅是意料中事，而且沒有太大的意義。因為，重要的不是多少人崇拜明星，而是他們崇拜什麼明星，以及他們崇拜的理由何在。還好，這項調查談到崇拜的理由，它們依次是：外貌、氣質、才藝、不知道，以及品德。這五種理由也是不難了解的。由於「外貌」與「氣質」的比重占百分之五十七，因此青少年難免隨著自身年齡而改變看法，很少能夠深刻、持久地專注於某幾位固定的對象。

因此，這項調查充其量只能證明青少年「喜愛」明星，而非「崇拜」明星。果然，它接著指出：男生較喜歡外貌清純的玉女型明星；女生較喜歡夢幻型和憂鬱型的男明星。這種說法充分反映了青少年對於異性的好奇與欣賞，談不上什麼「崇拜」。

事實上，中老年對於異性的好奇與欣賞，照樣存在著。這些都是「喜愛」，就像你喜歡什麼花色的窗簾或什麼樣的寵物，會隨著年齡、環境與心境改變。這方面的問題由個人的品味（taste）所決定，很難區分高下，更不必妄作價值判斷。

當然，「喜愛」到某一程度，可能會把對方理想化，塑成完美的人格，然後奉為自己的偶像，加以效法。有些青少年模仿明星的服飾裝扮、口語腔調、言行舉止，這時就是把明星當成偶像，加以崇拜了。他們潛意識裡所想的是：「我喜歡他；因此，假如我像他一樣的話，我就會喜歡我自己，並且別人也會喜歡我。」

然而，外在的模仿終究是徒勞無功的。「外貌」是天生的，無從模仿；「氣質」是一個人的特性，表現了一個人的生命體驗與精神狀態，更是不能「依樣畫葫蘆」的。剩下的只有：才藝、不知道與品德。因此，假使崇拜明星能使青少年練習「才藝」，培養活潑的生命情調，那未始不是一件好事。假使再進一步，能夠模仿明星的「品德」，如孝順、友愛、救災、助人、負責、誠懇、守信、重義等等，則青少年將可以由「社會」這本大書裡學到活生生的知識與榜樣：寓進德於娛樂，這正是理想的教育策略。

從事青少年教育的人，應該特別注意這種心態，因勢利導，步步深入，使「才藝」與「品德」逐漸凸顯為明星崇拜之重心與焦點，然後青少年一方面不覺得自己喜愛明星有何不妥，另一方面則真正學到了該學的東西，在自我實現的路途上向前邁進。

11 美國式英雄

美國羅普組織曾於一九八〇年代向三百一十五位「十八歲至二十四歲」的年輕人作過調查，要他們在不論國籍、性別的情況下，選出他們心中的英雄。結果獲選的十大英雄是：克林伊斯威特、艾迪墨菲、雷根、珍芳達、莎莉菲爾德、史蒂芬史匹柏、教宗若望保祿二世、德瑞莎修女、麥可傑克森與提娜透納。

這十大英雄之中，除了雷根、教宗與修女以外，全部是演藝界的名人。我們若注意到，投票的是「十八歲至二十四歲」的年輕人，就不會對這種結果感覺驚訝。年輕人活潑好動，易於接受感性文化，如電影、電視、歌唱等直接訴諸感受的娛樂。因此，當他們面對「英雄」（hero）這個名詞時，很容易將它與「主角」（也是hero）混同。在一個由群眾主導的社會裡，個人的自我認同很容易受到抹煞或忽視，於是銀幕上的主角往往取而代之，成為個人心中理想的英雄。這樣的英雄名單都是有時間性的，亦即演藝人員的輝煌生涯總是相當短暫，經不起時間的考驗。

我們若思索這種「暫時英雄」之形成原因，就會發現他們多半是拜職業之賜。演員以表演為職業；所謂表演，就是憑才藝去扮演「別人」。久而久之，演員自己的自我，恐怕反而會產生嚴重的認同問題。譬如，演員分不清臺上臺下，或者假戲真作，以致無法安於平淡生活。因此，「臺上成功，臺下失敗」的例子到處可見，也就是「扮演別人，成功了；扮演自己，卻失敗了」，並且可能失敗得很慘。

譬如，家庭生活是人們理想中的幸福所在；誰不希望有一個安樂的小窩，互相關懷的親人住在一起，共同面對及分享生命中的喜怒哀樂？但是演藝人員能有正常而美滿家庭生活的，卻不多見。鼎鼎大名如伊麗莎白泰勒，結婚離婚達六、七次，難道她在每一次婚禮所許下的諾言，都是騙人的嗎？我想不是的。她每一次都是真誠的，但是卻無法持久，因為她演慣了別人，結果忘了自己是誰。一個人若是無法認同自己，外來的名聲與喝采正足以使他一再迷失。史塔龍以「洛基」和「藍波」的角色贏得了全球無數的影迷，但是早年卻曾演過X級的電影，不堪回首。

「今天的年輕人喜好遊樂，並不危險；真正危險的是，他們崇拜了假的英雄。下一個世紀的人評價我們這一代時，恐怕會對我們的名人之野蠻低俗感到驚訝。」辛恩（F. J. Sheen）這句話值得我們深思。

12 命理哲學

初識的朋友聽說我是研究哲學的，往往會睜大好奇的眼睛追問：「那麼，你會算命嘍！」這種印象恐怕不是今天才有的。記得方東美先生說過，「中國哲學會」在南京成立時，當地報上的廣告就刊出命理人士的聯合宣言，聲稱他們才是所謂的「哲學家」。今天我們報上的廣告在介紹命理書籍時，不是也喜歡牽扯「某某大學哲學系」的字號嗎？這兩種情形雖然不同，但都值得玩味。

哲學的主要關懷之一，的確是「生命的道理」，但是這與目前大家熟知的「命理」相去甚遠。念哲學的不一定懂得命理，懂命理的也不一定念哲學。事實上，從今天許多白領知識分子也熱中於命相風水的情況看來，命理倒與心理學較為接近，或者應該是與「心理分析」類似。近代西方世界在社會競爭激烈、人際關係失衡、人心浮盪不安時，原有的宗教信仰已經無法照應種種現實的困境，心理分析乃應運而生，為許多人化解了精神上的問題，同時也成為一門興盛的行業。我們在電影上，偶爾看到一個人躺在長沙發椅上，喃喃訴說自己的夢境或焦慮，希望辦公桌後的所謂「醫生」能夠為他解析心結，除去苦痛，這就是心理分析的寫實。算命是否也有類似的動機與效果呢？

許多人去算命，但是態度卻千差萬別。我們不宜以「你去算過命嗎？」來做為判斷命理風氣的依據。坦白說，某些命理是有古老的理論為基礎的，這一類理論是前人經年累月觀察人間事象的消息盈虛之後的結晶。這樣的理論值得研究發揚，但是在應用時卻須留意以下兩點：我們是想找到一些客觀的規律，以便安頓自己的身心？還是想以命相風水為手段，企圖突破困境，謀取現實利益？如果一個人一生只算過一兩次命，尚可自稱屬於前者；如果年年為之，月月為之，就無異於病人之需要醫生了！但是這種疾病是無法根治的，反而可能更形嚴重，到處投醫，弄得既無自信也無自知，白白浪費了寶貴的精力與金錢。

我念哲學史，讀到希臘哲人赫拉克利圖說：「人的性格就是他的命運」，不禁深為佩服，並且繼續推論：如果性格就是命運，那麼要想改變命運，首先就要努力改變自己的性格。這是操之在己的，充分顯示人的主動性與自立性。我們中國也有一句老話：「一命二運三風水，四積陰德五讀書」，就是強調：人若多積陰德，行善避惡，則心中自有福田，自然趨吉避凶；同時，多讀善書則可以變化氣質，心中自有定見與遠見。如此一來，命運風水亦隨之而轉，不會再讓人耿耿於懷了。

13 宗教現象

臺灣的宗教現象一向非常複雜，但是至少還能依循「神歸神，人歸人」的理性原則。這項理性原則是現代人的特徵之一，就是在理解及應付人間事務時，如政治的、社會的、經濟的、文化的、教育的事務，不必牽涉到超理性或非理性的因素，如鬼神、巫術、祭祀等。即使某些人在固定的時間（星期日）奉行宗教儀式，他的日常生活也與一般人無異，就是不會把宗教題材納入生活的領域。

這種現象雖然是宗教極力批評的，但是至少畫下楚河漢界，讓宗教保有一席之地，繼續存在及發展。然而，這幾年以來，由於「大家樂」聚賭之風盛行，人神之間的關係又變得複雜詭異了。許多賭徒相信某些鬼神的預知能力，可以為他們顯示明牌，使他們一舉致富，於是出現「活人問死人，正常人問瘋子」的奇觀。山上一座孤墳邊，可以在半夜聚集數千人；路邊一座小廟也可以人潮洶湧、香火鼎盛。表面看來，這些人在求神問卜時，似乎十分虔誠，但事實上全在「利」之一字上打轉。因此，在「大家樂」開獎的次日，有小廟被毀，有神像被丟棄水溝，甚至還有神像被砍頭的。這種報復手段用於人間，尚且不可寬宥，何況用於鬼神？若鬼神無靈，事前何必苦苦向其哀求？若鬼神有靈，則事後豈能向其施暴？似乎這些賭徒連理性的影子都尋不著了。

不只賭徒如此，今天我們的社會正吹起一股「人神混淆」的歪風。各報廣告常見的命相書籍，暢銷達數十萬冊，算命看風水的人愈來愈多，連許多知識分子也不能免俗。宗教界人士眼見自己的生存空間受到威脅，乃主動要求內政部制定「宗教法」。這在許多國家都是不可思議的事。宗教自有宗教的規範，其內部的制衡作用絕對大於法律條文的約束。如果一個社會的宗教界人士主動要求制定宗教法，則明顯表示宗教本身的規範已經失效了，或者宗教界無法獨立自存，需要訴諸法律的保障。今天的情況恐怕兩者皆有。我們希望宗教法如果制定的話，真正能夠除弊興利，同時不致妨礙宗教的常態發展。

宗教方面的種種問題，在內涵上不外乎人心迷惘，在形式上則可歸諸教育失策。

請問：三十餘年來，我們有沒有宗教教育？當然，所謂「宗教教育」，是指廣義的讓人安身立命的教育，因此包括生活倫理、文化教材之類的課程在內，但是這些課程並未受到應有的重視，同時不曾發揮其宗教方面的作用，以致收拾不住人心，演變到今天半宗教半迷信的風氣瀰漫各處。此一現象，值得我們作進一步的思考。

14 宗教與社會

部分宗教界人士鑑於國內宗教現象日益複雜，主動呼籲內政部制定「宗教法」，以為適度規範。就法論法，只要是人群聚居及行動之處，就需要某些法律條文預為匡輔，宗教活動自不例外。但是宗教與社會之間，存在著一種根本的張力狀態，亦是不能忽略的。

一般說來，在社會正義無法伸張，物質生活又極度匱乏的地區，宗教信仰往往扮演重要的角色。這種現象反映了佛洛伊德所謂「宗教是人類心理上的枴杖」。宗教的作用之一，是描繪一個美好的來世，讓人可以忍受現世的苦難。目前全世界生活水準較低、戰禍頻仍、動盪不安的區域，都有明顯的宗教勢力介入其中。這些宗教勢力固然可以激起信徒的狂熱，使他們獻身為正義而戰；另一方面也可以撫慰信徒的心靈，助他們默默承受殘酷的命運。

換言之，宗教的本質是訴諸超越的絕對力量，以之檢討評估現世相對的一切。它與社會可以相安無事，也可以對峙衝突，但是絕不能附屬於社會結構之下，成為社會的一項工具。今天我們希望宗教與社會相安無事，就須由「理性」的角度認清兩者之間的關係。

宗教的產生，自然有其社會背景。譬如，臺灣地區二十歲以上的國民，有百分之七十五相信民間信仰。「民間信仰」並無明確範圍，它一方面有儒、釋、道三教合一的性格，又吸收了歷史人物的傳統與地方神祇的色彩，甚至連外來宗教也不排斥。至於所信的旨趣，則大抵不出現世價值的肯定，如求取富、貴、財、子、壽等。凡是能助人達成上述目的的手段，包括相命與風水，也都與民間信仰可以拉上關係。

也許有人要問：臺灣目前物質生活相當富裕，社會正義也有基本保障，為何宗教仍然蓬勃發展呢？從社會學的角度來看，原因之一是：傳統的人際關係紐帶在現代化的衝擊下，蕩然無存，如血緣團體、地緣團體逐漸瓦解，無法繼續為孤獨的個人提供一張「意義之網」的脈絡。請問：誰真正關心你的苦樂？誰為你分擔生命的壓力？誰與你分享成功的喜悅？沒有人是孤島，也沒有人不需要一個團體的支持與鼓勵。宗教在這方面發揮無限的魅力，使人自然而然傾向於它。

宗教與社會可以相安無事，但是如果宗教忽略了自身的超越性格，淪落為滿足現世需求的工具，則宗教已經名存實亡了。這一點從「大家樂」賭徒利用鬼神的種種惡劣行為可以充分證明。宗教沒落或變質，則反映一個社會的心靈層次出現嚴重的問題。

15 新興宗教

「新興宗教」雖然很難定義，但是卻很容易了解。譬如，我們一般都把佛教、印度教、猶太教、回教、基督宗教等歷史悠久、規模宏大的教派，稱為「傳統宗教」，其教義明白載諸典籍，可以讓人們從事理性的認識與批評。「新興宗教」則是上述傳統宗教所不承認的衍生教派，以及混合的、折衷的、區域性的宗教。

二十世紀是新興宗教盛行的時代。我在一九八五年十一月曾參加在美國紐澤西州舉行的「世界宗教大會」，對於新興宗教的昂揚鬥志印象深刻。有幾位與會代表聲稱自己是教主，因為他（她）在家鄉有信徒數百人，有大家捐資興建的教堂，還有固定的薪俸可以讓他（她）終身傳教。這些新教主的教義呢？說穿了是東拼西湊，力求自圓其說而已。其中有些人把我國《易經》的陰陽思想也用上了，道家的「道」更是對他們充滿吸引力。也有人以提倡女性主義為號召，藉以顯示其時代性格。他們無法容忍回教一夫四妻的制度，對於孔子「唯女子與小人為難養也」這句話也表示不滿。我當時代表的是儒家立場，難免與這些洋人切磋一番，但是結果令人失望，因為他們的求知熱忱遠比不上他們的頑固信念。

臺灣的新興宗教也是值得注意的題材。譬如，一九八七年才獲致政府解除禁令的「一貫道」，居然有數十萬信徒，遍布各階層。我在臺大上課時，就有一位同學送我幾本一貫道的基本教義，希望我能予以同情的了解。我對一切虔誠的信仰都有敬意，但是也深知宗教很容易偏離理性的軌道，陷入迷信的困境。

當然，宗教不能局限於理性的範圍，否則豈不成為人文科學的一支，但是宗教也不能違反理性，使人無法安頓日常生活。從這個角度來看，少數新興宗教未免過於狂熱，「蔽於神而不知人」，要求信徒不服兵役、不納稅，甚至違背法律、攻訐政府，從事政治上的偏激行動。這正是耶穌所說「披著羊皮的狼」，不僅引人背離正常的國民生涯，還要威脅一個社會的生存。

至於隨著社會風氣而興盛的少數教派，也須自我警惕，以免成為人們求取現世福報的工具。「大家樂」就是最明顯的例子，它使眾多廟宇一夜成名，利用之後就棄而不顧了，甚至神像也隨之遭殃。對於這種畸形現象，我們必須以理性的態度去省思。新興宗教若想突破時空的限制，繼續在人類歷史上扮演重要角色，則應該勇於接受理性的評估，調適自己的觀念與行動，以穩定的腳步往前走。

16 浮雲不能蔽日

我曾應比利時魯汶大學之邀，前往該校為二十餘位漢學系與哲學系研究生，講授「儒家哲學」。這些研究生第一次聽到中國人講儒家，不免抱著極大的興趣，討論起來格外熱烈。

在談到儒家對人性的看法時，我提出自己近年來的研讀心得，說明「人性向善」是孔孟真正的主張。我這一心得的前因後果是這樣的：

一九八〇年，我到美國耶魯大學攻讀學位，主修宗教哲學。為了選修一門相關課程，我在開學之初，就去拜訪林貝克教授（George Lindbeck），閒談之間，我天真地說：「基督宗教相信人有原罪，屬性惡論；中國儒家則肯定人性本善，似乎較為積極。」他並不正面答辯，卻反過來問我：「中國社會有善有惡，中國人民亦有善有惡；若人性如儒家所言，純為本善，則惡自何來？」

我一時不知如何接口。我若答覆他：惡來自意念、情緒、欲望，則這些難道不屬人性或不源於人性？為何本善的人性會有為惡的意念、情緒、欲望？我若退一步，用他的問題反擊回去：基督宗教認定人有原罪或人性本惡，那麼人間之善由何而來？他大可以從容應付，答覆我：善的來源是上帝，所以我們要信祂。這些念頭如電光石火般在我心中一轉，我只好承認自己的天真，讓他的問題留在那裡。從那時起，我就一直思索人性問題，尤其注意儒家的人性論。

一九八四年回國後，在臺大教「儒家」等課，第二年我就領悟到：原來儒家主張的是人性向善。人性是一種趨向，而非既成的固定之物，亦即人性必須隨著人生過程而開展，日新又新、自強不息。這種趨向是以「善」為目標，因為人心之「不安」、「不忍」是生而有之，不待外求，隨時可以顯示為心之四端，亦即善之四種萌芽狀態。存養充擴善端，就是君子，否則即為小人。

我在魯汶大學，面對二十餘位來自各國的學生，開始耐心解說這套理論。臺下一位個子高大的學生焦急地舉手發言：「我自匈牙利逃亡出來，根據我二十年來的生活體驗，人性若非本惡，即是向惡，怎麼可以說是向善？」我對這個問題並不覺得意外，我如果連某些社會「反人性」的意識型態亦毫無所知，就是不可原諒的幼稚了。

我請全班同學安靜下來，聽我唸一段孟子的「牛山之木嘗美矣」：

「牛山之木嘗美矣。以其郊於大國也，斧斤伐之，可以為美乎？是其日夜之所息，雨露之所潤，非無萌蘖之生焉，牛羊又從而牧之，是以若彼濯濯也。人見其濯濯也，以為未嘗有材焉，此豈山之性也哉？雖存乎人者，豈無仁義之心哉？其所以放其良心者，亦猶斧斤之於木也，旦旦而伐之，可以為美乎？其日夜之所息，平旦之氣，其好惡與人相近也者幾希，則其旦晝之所為，有梏亡之矣。梏之反覆，則其夜氣不足以存。夜氣不足以存，則其違禽獸不遠矣。人見其禽獸也，而以為未嘗有才焉者，是豈人之情也哉！」（《孟子。告子上》）

我念的是倫敦大學劉殿爵教授（D. C. Lau）清晰流暢的英譯，同學們心領神會之餘，不再與我爭辯人性是否向善，卻轉而探討：是否每一個人都有「機會」發揮他的向善之性？譬如，有些國家的整個建構，對於人性的需要不僅完全不能相應，甚至戕害了人性的本然面貌。自由世界以資本主義的經濟型態為基礎，對於人性固然有其異化的危機，但是至少還保留了讓人性發展善端的「機會」。相形之下，某些思想就是澈底的「反人性」了。

索忍尼辛於一九七五年發表〈認識共產主義〉一文，強調「共產主義的理論與實踐，完全違反人性」。馬克思、恩格斯、列寧、史達林，以及各地的共產黨頭目，都毫無例外地採行下述策略：一是以仇恨為中心，反覆申論要消滅資本主義，要摧毀自由世界的生活方式。二是以和平為口號，卻從未放棄暴力，根本不把別人的生命當一回事。索忍尼辛說：「所有的共產黨，在取得政權之後，都變得澈底殘暴不仁。」

然而，最可怕的一點則是共產主義所造成的精神危機。它「反對一切絕對的道德觀念，並且嘲笑善惡壁壘分明的看法。它認為道德是相對的，是屬於階級的玩意。一切行為都可以依據環境和政治情勢，而成為好事或成為壞事。……但是我們若連善惡觀念都被剝奪，所剩餘的還有什麼？只有彼此利用，互相操縱。我們將淪為禽獸。」

索忍尼辛這段話是以他六十年鐵幕生涯的血淚經驗為根據，值得我們特別重視。今日自由世界也正面臨價值系統的瓦解與崩潰，自顧之唯恐不暇，但是卻仍有一些天真的人對於馬克思的思想深感興趣，一方面勉強劃分青年馬克思與老年馬克思，另一方面聲稱前者也表現某種人道精神。縱使這些都是真的，又能夠彌補百年以來馬克思主義與共產主義所造成的各種浩劫嗎？

浮雲不能蔽日，儒家人性論將會在層層煙霧中，展示耀眼的光明。這是我教學研究多年的一點心得。

17 勸人為善

談起宗教，許多人會聯想到「勸人為善」這四個字。宗教固然勸人為善，但是勸人為善卻不是宗教的本質所在。試看，父母師長的教誨，社會習俗的規範，法律條文的約束，無不勸人為善，那麼又何必需要宗教呢？

並且，光是勸人為善而未能界定善的標準，同時又無法澄清人性與善的必要關聯，最後很容易變質走樣。譬如，有些人相信「善有善報，惡有惡報」，於是為了福報而行善，忽略了福報的超世性，不明白「不是不報，時候未到」的道理，結果很容易淪入功利主義的陷阱，為了某種現實目的而相信宗教。

以佛教為例，「緣起性空」是其基本教義，但是只有少數利根人能有明心見性的智慧，大多數信徒就須在俗事上慢慢磨練，而行善是接近智慧之門的坦途。但是，行善本身仍是造業，仍不是究竟法門。所謂「有心為善，雖善不賞」確有甚深涵義。

不過，一般信徒惑於世俗的觀念，往往把宗教當作現世報應的機構。臺灣的廟宇超過一萬座，固然度化不少善男信女，但是稍加注意，就會發現香火最盛的幾座都是針對人世某種願望之滿足，如升官、發財、求子、婚姻、保平安等，影響所及，宗教淪為「市場」，以百姓的需求與供應為其存在目的。這時所謂的「行善」就有一個條件了：只要能達到我的特定目的，我可以吃齋念佛、捐錢蓋廟、力行善事；萬一無法達成我的心願，則翻臉不認人，甚至做出破壞神像等下三濫的行為。

人可以向神或佛祈禱，但是祈禱能否如願，完全是另一回事。真正的信徒藉著祈禱，凝聚心志，相信有一無比的力量在支撐他，但是他所求的一切是否值得，則需高明的宗教智慧來判斷。真正的宗教絕不會以現實世界裡的名利權位為人生值得追求的目標。耶穌告訴百姓，讓「凱撒的歸凱撒，上帝的歸上帝」；佛教也勸人像蓮花一樣，出汙泥而不染。因此，當我們接受「宗教勸人為善」的觀念時，首先要超越現世福報的念頭，否則心隨念轉，難免陷溺。

何況，宗教上的善並不等於道德上的善。道德上的善是與惡相對的，是人在生命過程中的自由抉擇。宗教上的善則是全有或全無的肯定，是人面對生與死的信念。基督徒的「信」與佛教徒的「智」，正是宗教上的善之典型例子。如果我們同意宗教勸人為善，則首先要排除功利主義的計較，其次要超越道德上的善行，然後才有可能自內心深處體驗行善時之無上喜悅。行善本身即是福報。

18 打破偶像

佛教密宗白派曾獲得啟示，專程來臺灣桃園大溪迎接四歲多的羅桑吉美去修行，因為小吉美是活佛轉世，將來注定要成為白派的領袖。這段新聞引起不少討論，在科學如此昌明的現代社會，我們要如何看待所謂的「活佛轉世」之說呢？一般人似乎可以接受這個新聞，因為佛教的輪迴思想深入民間信仰之中，加上近年相命之風盛行，預知未來之事時有所聞；最重要的是，大家對於這種事既不完全了解，也不十分關心，因為宗教被視為「誠則靈」或「信則有之」的東西，充其量只對其信徒有效。

這種寬容態度也有負面的效果。例如，最近在臺灣上映的《衛斯理傳奇》受到相當熱烈的歡迎，其主題則是想破解神話，把中國人對龍的傳說、西方人對「上帝是外太空人」的臆測與某一密宗教派小活佛的龍珠，混在一起作文章，最後歸結到「原來我們的宗教是一場誤會」。順著這部電影的思路發展，就會觸及現代人的傷痛：我們的生命不也是一場誤會嗎？

以上兩件事例的對比，告訴我們何謂過與不及。我們必須擇乎中道，亦即以適當的心態來了解「宗教要求打破偶像」一語的意義，宗教是為人而設的，人有具體的形質生命，如眼耳鼻舌身，因此亦有相應的要求須表現於宗教上，如寺廟教堂之美侖美奐，宗教聖樂之莊嚴雅致，焚香膜拜之虔誠肅穆，節期慶典之悠遠情懷等。藉由這些表現，我們可以依循一條途徑，走出「在世而不屬於世」的一生。但是這些表現也有可能僵化為偶像，就是讓人產生執著的念頭，以為神像、佛像、教堂、寺廟之本身就是信仰的對象，這時就須打破偶像了。

人無偶像，則不易導正其形質生命，陷於「無所措其手足」的困境。心理學家早已指出，青少年在成長過程中，需要崇拜英雄，以便型塑自己的價值觀念與行為模式。但是成年人照樣有這種需要，因為人的本質在於能夠不斷自我超越，就是以更理想的人物為其典範，否則容易造成意義失序、茫然無依。宗教之有偶像，正是宗教為人而設之明證；然而宗教又絕不只是為人而設，因為它必然牽涉所信之對象，如神與佛所代表之超越界。超越界使人之自我超越有無限提升之可能，這種「可能性」在宗教中展現為對人之絕對要求，從修行、淨化，到證道、殉道。

「超越、無限、絕對」這三個詞彙已經明白告訴我們：打破偶像的態度是一個真正的信徒必須採取的。只有辯證的態度，肯定、否定、超越，再肯定、再否定、再超越，才能保證宗教精神之純淨，也才能相應於人心之最根本的需要。換言之，宗教建構偶像，是方便法門，其目的是為了讓人打破、超越，再直接與偶像所象徵的絕對者或超越界建立獨特的關係，進入解脫與救贖的境界。佛陀說：「我說法四十五年，未曾道得一字。」耶穌說：「我要開口用比喻，講出創世以來的奧祕。」真理或不可說，或只能以比喻來說，原因就在人間一切皆非究竟之物，稍一執著就會淪於偶像崇拜，淪於一切宗教所批駁的拜物傾向中。

19 宗教與理性

許多知識分子排斥宗教，因為宗教與理性似乎不能相容。我用「似乎」二字，已經表明了我的基本立場是肯定宗教的。宗教信徒遭人誤解的地方很多，我只舉出兩三點略加說明。

首先，宗教語言不是指向某一客體的客觀語言，而是包含主體投入的主觀語言。當一個人說「神存在」時，絕不表示神就像桌子椅子一樣占有三度空間，而是表示「我的生命的底基不會落空」這種信念。當一個人說「神是愛」時，絕不表示他罔顧人間種種不幸，而是表示「我願以愛為生命的目的」。如果說者與聽者都認清宗教語言的主體性格，同時明白這種主體語言也會產生驚人的客觀成效，那麼宗教自然不應被排除在理性的門牆之外。

其次，宗教信徒往往把神或佛當作是有「位格」的對象來信奉。這是不是人類自己的心理投射呢？這個問題看來銳利，其實寬泛。神或佛「不僅僅」具有位格，但是對人類有意義的、或對人開顯的、或能被人感受的，則當然「僅」是其位格的一面。它之超位格的與非位格的一面，自然不可知了。不可知並不等於不存在。我們說神或佛具有位格，目的是要肯定我們可能與他會遇、溝通、共融。這種可能性在各宗教的密契主義（mysticism）中得以實現，就是以「忘我入神」為至高幸福。中國的儒家與道家之所以能有宗教功能，主要也是因為兩者對於「天人合一」的境界都有充分的肯定。唯一要留意的是，當我們說神或佛宛如具有位格時，不可忽略他也「不僅僅」具有位格。這與前述「打破偶像」的態度完全相符。

最後，宗教可以安撫也可以激發人的情緒，因此往往帶來群體性的活動。但是這只是外化的表面現象，並非宗教的本意。英國哲人懷德海（A. N. Whitehead）認為，宗教的本意在使人善處孤獨：「如果你不曾孤獨，則你不曾信過宗教。」孤獨時，人正視自己的存在整體，認清自己的限度，聯繫自己與超越界之關係。這不但不會使人破壞理性，反而使人成全理性，就是為自己的生命奠下終極的基礎。懷德海又說：「宗教是一種信仰的力量，用以清潔我們的內部。」我們的內心世界若能光明瑩潔，則人格尊嚴自然挺立，人世一切掛念牽絆也就容易點化了。

今日臺灣的宗教現象千奇百怪，學者可以由各種角度予以解析評估，提出不同的說明。本文之作，是由哲學角度，對幾個關鍵概念進行探討，希望能夠有助於知識界認清這個複雜而又重要的領域。

20 世紀之疾

一九〇六年，德國神經科專家阿茲海默（Alzheimer）發現一種新的疾病，其症狀是患者日漸喪失心智，無法記得自己所言所行，最後連身體機能亦脫離控制，以迄死亡。到目前為止，這種「阿茲海默症」還找不到明確的原因，但是患者人數逐年增加。

以美國為例，患者多達二百萬人，其中有四五十歲的壯年，最多的則是六十五歲以上的老人。美國兩千七百萬六十五歲以上的老人之中，百分之七罹患此症。每年死於此症的有十二萬人；這是美國老人的第四大死因。美國國會撥款研究此症的經費急遽增加，一九七六年只有四百萬美元，到一九八四年已高達三千七百多萬元。就其普遍性與嚴重性來看，許多專家稱此為「世紀之疾」，實在並不為過。

最可怕的，不僅是這種疾病無藥可救，而且是它原因不明，使人防不勝防。有些人以為是由誤食含鉛的食物所造成，但是無法證實。眼見親愛的人一步步喪失記憶，變得不可理喻，實在令人既傷痛又無助。羅區（Roach）小姐把她母親的患病經歷寫成一書，名為《瘋狂之別名》。患者在得病初期，忘記她昨天所做的事，但是清楚記得二十多年前參加她的婚禮的每一位親友。然後，情況愈來愈嚴重，任何事都隨做隨忘。剛吃過飯就忘了自己吃過，洗澡一半就跑了出來，與人談話前言不對後語。每隔幾分鐘就要問人自己在做什麼，今天星期幾。患者當然需要親友照料，但是她對於親友所感覺的不悅、不耐、困擾、痛苦，根本無動於衷。遠親近鄰漸漸避不往來，直系親屬則繼續費心照料，直到沒病的人都覺得自己要崩潰了。

羅區小姐的書在美國引起廣泛的回響，它催促朝野加快研究的腳步，共同對付這種強悍而詭祕的疾病，同時成立醫護中心，給予患者妥善而專業的照顧。更重要的是，它讓兩百萬患者的家屬知道，有許多人也在默默承受相同的挫折、悲傷、無望。

世紀之疾並不限於美國，它可能侵蝕任何一個人。人生難免生老病死，但是對全體人類造成如此規模龐大、原因不明、又無藥可救的威脅，還不多見。我們由此想及人生之無常、人命之脆弱、命運之無奈。但是我們並不因此氣餒，卻反而要加倍珍惜現有的一切，尤其是親情與友愛，同時要把握時光，善自努力，充實生命的內涵。如果世紀之疾能提醒人類互相關懷，那麼未來仍舊是充滿希望的。

21 科技時代的人文關懷

科技對現代人的貢獻是有目共睹的。如果逕稱我們當前的時代為「科技時代」，應該不會引起什麼爭議。任何時代的人都有其特定的問題與關懷，例如洪荒時代的人爭取在自然界生存，以建立人類社會為首務；文明時代的人為社會定下規範，謀求和平互助，讓全體人類得以善生。中外歷史所記載者，皆為文明時代的人之種種作為，其中積極的建樹固然史不絕書，而消極的破壞亦所在多有。這些建樹與破壞，不管如何輝煌或如何駭人，總是局限於某一區域，而無法全面地影響人類社會。近代以來，隨著科技時代之逐步形成，這種景觀乃大異於往昔。科技對人類社會所產生的效應是普遍的、深入的，與持續至今、愈演愈烈的。這是史無前例的現象。

這種現象是好是壞？是福是禍？恐怕不是任何簡單的答案可以說明。如果從知識分子「憂以天下」的眼光來看的話，我們毋寧採取較為審慎的態度，稍微深入一點去思考，並且想得遠一些。例如，科技時代的來龍去脈如何？它只是著重單純的發明製作，還是隱藏著全新的思想預設——亦即，一套異於傳統所持的宇宙觀與人生觀？若是後者，則它是否說明了現代社會所面臨的種種困境？換句話說，科技時代對於「人的存在」有無助益？如果答案是否定的，我們又該如何扭轉這種局勢，或至少修正其演變方向？這些問題是本文嘗試稍加探討的。我們將由科技時代的形成與影響，談到重振人文關懷的必要性。

一、科技時代所形成的宇宙觀與人生觀

科技時代為西方近代科學革命以來，一系列的進展所形成。科學革命首先影響了人類對宇宙的看法，像哥白尼的「地動說」，主張地球不僅不是宇宙中心，反而是環繞太陽運行的行星之一。

經過克卜勒、伽利略到牛頓，對於宇宙本身的認識，逐漸走上「自然機械論」的立場。所謂「自然機械論」，是將宇宙裡所有的現象化成物質，所有的結構化成機械，所有的關係化成因果；然後人類可以進行觀察、研究與測度。假使宇宙萬物是可

以測度的，人類未來便充滿美景。這是西方人樂觀的「進步」觀念的來源。然而問題在於：人類自身是否也屬於這樣的萬物之一？如果是的話，人的精神與自由豈非成為幻覺？人的尊嚴又要如何肯定？

羅素眼見這種思想的後遺症，不免發出悲觀的論調。他說：「人類活在世界上，處處受到盲目因果的挾持，他的緣起，他的生長，他的希望與恐懼，他的情感與信仰，不過是物質原子偶然的結合。人們縱然有熱心、有毅力，有許多深刻的思想與誠摯的情感，終究不免於一死：人類一切創作、一切熱忱、一切願望、一切卓越的天才，終究必與太陽系同歸於盡；人類含辛茹苦所締造的成績，終必如殘磚敗瓦，埋沒於毀滅的宇宙裡。」

這種宇宙觀演變為否定人生意義的論調，不是沒有根據的。試看達爾文的生物進化論，就把人類降格為動物世系的後裔。人類不再是優異的「萬物之靈」，反而成為演化之鍊的一環，向著未來的物種（例如尼采所說的「超人」）演化。人類本身不足以成為目的，不足以建構意義，不足以孕育價值。再看佛洛伊德的深層心理學，把人類的一切文明績效統統解釋為潛意識中盲目欲望的昇華。這樣的人類，又有什麼尊嚴可言？科技時代的危機是其來有自的。

二、科技時代的人類處境

科技發明當然有許多正面的貢獻，譬如臺灣地區四十年以來進步最大的，依次是：大眾傳播、教育普及、交通通訊、經濟成長等（參考柴松林教授《社會變遷與國民生活意向調查》），這些無不直接或間接受惠於科技。但是由於偏重科技、忽略人文，以致帶來種種後遺症，卻令人感到憂心。譬如，前述柴教授的調查報告同時指出，退步最大的依次是：生態與自然環境、社會治安情況、國民道德水準與國民守法精神等。除第一項外，其餘皆屬「人文生態」。人文生態之退步、墮落與腐化，使得社會表面上求新求變，在實質上卻愈來愈不適宜「人」的生存。

這不僅臺灣一地如此，西方的科技先進國家早就嘗到苦果了。史懷哲在《文明的哲學》坦率指出科技社會的各種病癥，像無根（家庭的培育功能逐漸消失，人們有屋無家）、無人（分工專業使人囿於一隅，難見全貌）、無心（人與人由外在的機械關係所界定，不見真心）、無情（無法真正關懷他人）、無我（由隨俗從眾而麻木不覺）。總之，科技時代造成人類的失落與不安，因此重新提振人文關懷，乃成為現代人的當務之急。

三、重振人文關懷

科技為人類帶來許多「利用、厚生」方面的貢獻，但是這一切都是為了「人」的幸福。人的幸福究竟何在？這個問題的答案必須以認識人的本性為前提；亦即認識人在安身之外，追求立命，渴望肯定生命的意義與價值。具體來說，人文關懷可以透過以下三途獲得滿全。

首先，要體驗「辯證的和諧」。人性的奧祕在於：一方面要求穩定，同時又必須成長。穩定與成長，使得人與自我、人與他人、人與社會、人與自然之間的和諧，成為動態的——亦即不斷超越揚棄原有的和諧狀態，進行建構新穎的和諧。譬如，一對新婚夫妻原是和諧的，但是幾年之後卻可能發現彼此無法共同生活。這是因為他們誤以為和諧可以一勞永逸地達成，而不曾讓和諧隨著生命歷程而不斷超越前進。人必須開放心胸，珍惜現在、預備未來，充實自己以迎接挑戰，讓自己與自我、他人、社會、自然界之間，保持辯證的和諧。

其次，要從事「反省的創造」。人的特色在於創造，如科技發明即為一例。但是創造不能流於「為創造而創造」，或者盲目任意地創造，而必須「反省」其是否基於傳統、依循傳統，因為傳統提供了一套完整的價值系統，使人安身立命。今天，作為科技時代的中國人，一方面應該面對傳統作創造的詮釋，用現代的概念、術語與實存處境，來「再生」傳統；另一方面，在從事創造時，要避免損傷傳統的價值體系。

最後，要確立「終極的關懷」。人生不能沒有關懷，更不能沒有終極關懷。若無終極關懷，則內心難免浮動茫然，隨人俯仰。終極者，不僅唯一，而且高遠，以致人終其一生亦難以達成，如孔子所謂「若聖與仁，則吾豈敢？」雖然難以達成，但是若少了它，則個人沒有基本方向，亦無法統合自我與提升自我。中國古人以「正德」為先，大學亦以「明明德」為教，其故在此。

科技對每一個現代人都帶來挑戰；挑戰愈激烈，也愈能激發創造潛力。此時，唯有適度堅持人文關懷，才能讓科技發明安於其位，為人類帶來真正的幸福，亦即使中國傳統所肯定的「正德、利用、厚生」之理序，依次實現。

輯四

返本開新

1 儒家的人生態度

儒家肯定現世的生命，從不作出世逃禪的幻想，這是大家都知道的。但是現世生命要怎麼度過，也是一門大學問。儒家在這方面如果說不出讓人信服的道理，中國人二千年來難道是僥倖圖存的？事實顯然並非如此。

儒家要人珍惜此生，但是自然生命依循生老病死的軌道往前奔馳，誰也無可奈何。這是命。人可以對命採取某種態度，由此涉及該不該的問題，則是義。換句話說，自然生命只是人的憑藉，真正的目的是實現價值生命。唯有如此，人生才值得珍惜。

這個大原則確定之後，生涯就可以展開了。孔子曾以「禮樂射御書數」教導弟子，因為弟子將來都會踏入社會，需要謀職安身。他也按照弟子的才學，向各國諸侯大力推薦，因為這些弟子知書達禮，能夠貢獻社會、造福百姓。職位高低並不重要，重要的是以工作來實現自我的意義。

除了工作與責任，人還必須怡情養性。孔子本人非常喜愛音樂，曾經有過「聞韶樂，三月不知肉味」的經驗。他在擊磬時，也能透過樂音發抒心志。有人唱歌，孔子往往主動相和，盡釋愁懷。弟子們聚在一起「各言爾志」，孔子特別稱許曾點，因為曾點懂得享受自然：「浴乎沂，風乎舞雩，詠而歸。」可見孔子欣賞活活潑潑的生活情調。

不過，人的價值生命無法自自然然地完成，亦即人必須發心立志，自強不息。果能如此，則生命彌足珍貴。孔子以「不幸」來形容顏淵「短命而死」，因為顏淵充分掌握自然生命的目標，所以一方面不以「一簞食一瓢飲」為苦，另一方面「不遷怒不貳過」，日新又新，樂在其中。這樣的人，原本可以由修身、齊家，走向治國、平天下的，所以他的死亡殊為不幸。

反之，長壽本身並不一定值得羨慕。孔子曾直率批評他的朋友原壤：「幼而不孫弟，長而無述焉，老而不死，是為賊。」如果一個人只是活得很老，卻沒有嘉言懿行值得稱述，無法增益人格、實現價值，那麼對於社會人群反而形成誤導，產生負面影響。

那麼，富貴呢？這當然是人之所欲。孔子並不否認這一點，只是強調要「取之有道」。如果必須多行不義，才能獲得富貴，那麼就完全顛倒了人生的本末輕重；亦即以為自然生命就是一切，然後「物競天擇適者生存」，讓社會成為原始叢林，最後難免於同歸於盡。因此孔子清楚表明他的態度：「不義而富且貴，於我如浮雲。」

仁義為什麼如此重要？因為它們是人與生俱來的內在要求。人誕生於家庭之中，自然需要孝其父母，敬其兄長；人成長於社會之中，自然需要明於進退，友於同志。由此出發，充擴其不安不忍之心，「己所不欲勿施於人」，正是人生的光明大道。仁義並非遙不可及的德行，而是日用常行之中即可實踐的。

如果按照上述方式去安排人生，則個人際遇之窮達順逆就不必太在意了。操之在己的，是價值生命之形塑與昇華，人由此體驗「與天地同大」，正是人生的最高境界。

2 儒家如何正視生死

儒家思想直接談及死亡的地方並不多；不過，從他們對生命的態度反映出死亡看法的，倒有不少。首先我們就由這個角度來體認儒家的死亡觀。

第一、儒家認為死亡是自然生命的結束。人既然出生，就無法避免老、病、死，死亡是極其自然的現象，因此在《論語．顏淵》中即有「自古皆有死，民無信不立」之言，也有「死生有命，富貴在天」的話。死亡既非人力所能左右，是自然的結果，所以儒家認為人對死亡毋須過分悲嘆。

不過，儒家認為人活在世上，除了「自然生命」之外，還有「價值生命」需完成，人必須藉自然生命以實現其價值生命，因此人必須珍惜生命。所以，當顏淵死時，孔子在《論語．雍也》中以「不幸」二字來形容，並為他痛哭。這不僅出自深刻的師生情誼，也出自對「道統」恐怕失傳的憂慮，顏淵的自然生命太短促，無法實現其治國平天下的價值生命，在孔子看來是極為可惜的一件事。

因此，儒家認為君子應當善自惜生。在《論語．述而》中，孔子就曾勸誡子路不可「暴虎憑河，死而無悔」，在〈憲問〉中，亦批評「若匹夫匹婦之為諒也，自經於溝瀆」。在他看來，為血氣之勇或小信小義而輕易犧牲生命，都是很不值得的。在《孟子．盡心上》也勸人不要「立乎巖牆之下」，從事不必要的冒險。所以，儘管管仲變節改事齊桓公，孔子仍對他讚譽有加，因為他對社會國家盡上了責任，完成了自我的價值生命。基於同一理由，儒家並不認為僅僅長命是一件好事。如果一個人只有自然生命，活得很老，卻無法完成自我人格與價值生命，則不如不活；自然生命絕非人生目的所在。

第二、儒家認為死亡是自然生命的完成。儒家一方面相信死亡與命運有關，另一方面相信死亡與使命有關。所謂使命，即是人對於自己之所以成為一個人的自覺：人要知道自己為何而生、為何而死；知道為何而生為何而死，就可以選擇某一理想，以成全其價值生命。當人一旦對死亡採取主動態度，就不再被動的被死亡攫獲，生命向度遂豁然開朗。

這種對死亡採取主動的態度，會使儒家對死亡有哪些看法呢？在他們看來，死亡是一種安息。《荀子．大略》記載子貢曾覺疲倦，想遠離事君、事親、養妻、耕種等責任，孔子否定他的看法。孔子認為人只要有一口氣在，就不能逃避責任，子貢因而嘆道：「大哉死乎！君子息焉，小人休焉。」對君子來說，人一生拚命奮鬥，到死，終於可以安息了。曾子死前曾對他的弟子說，你們看看我的手，看看我的腳，是否都安好。這一生，我戰戰兢兢，如臨深淵如履薄冰，到這時候才總算可以「免」了！這句話，充分了表露儒家信徒這一生為實踐其使命所付上的種種心力，直到死亡，才算卸下「任重而道遠」的負擔。

第三、孔子雖說過「未知生，焉知死」的話，但並不表示儒家就不談死亡。曾向孔子問及死亡的弟子是子路，子路是個魯莽好勇不善思考的人；孔子為了因材施教，便答以「未知生，焉知死」，不願跟他多談死亡。

同時，回答這句話也有另一個涵義。孔子認為死乃生的否定，一個人唯有知道肯定，才能知道否定；知道開始，才能知道結束；所以，若不能弄清楚生是怎麼一回事，也就不可能知道死是怎麼一回事。

若再探及更深一層意義，孔子所想表達的乃是：一個人若不知道自己為何而生，就不可能知道自己為何而死，也唯有知道生命的意義與目的，才會知道死亡其實只是一個界限狀況，這界限狀況使生命的意義與目的得以實現。

第四、儒家不僅談死亡的意義，更極其重視死亡，因為儒家重視祭祀。中國到了春秋時代，已對祭祀產生了許多不正確的看法，對鬼神也有許多錯誤的了解。儒家出現以後，並非反對鬼神與祭祀，而是要引導民眾對鬼神、祭祀有更正確的態度。

譬如說，儒家講孝道，他們對孝的解釋是：「事死如事生，事亡如事存，孝之至也。」儒家認為應當視已故的先人如同仍活著一般，並且，自己的身體乃祖先的遺體，既要小心謹慎不傷髮膚，又要使自我人格不斷長進以不辱先人。因此，人絕不僅僅是單獨的個體，更是包容在祖先血統脈絡中的一部分。從這個觀點來看，儒家重視祭祀，自有其社會教化的意義。

《孟子．離婁下》云：「養生不足以當大事，惟送死可以當大事。」這句話的意思是說，人這一生只能死一次，父母死，子女盡心竭力以送終，以後才不會有遺憾；若想省錢省時，而粗疏草率，將來是不可能再補辦第二次的。孟子所謂的仁政，也就是要讓眾百姓「養生送死而無憾」！由此可見，儒家是多麼重視死亡，他們以為，父母過世，子女仍能謹慎戒懼好好過日子，不敢放僻邪侈為所欲為，所依恃的也就是這種送葬、祭祀的觀念，這既合乎人性人情，更會使民風歸於淳厚。

儒家重視社會教化，主張人在世要「立德、立功、立言」，至於人死後要到哪裡去，儒家就不多談了。他們不談靈魂如何在身死之後存在的問題。

最後，我們要省思儒家這種死亡觀，以及他們對自然生命與價值生命的看法，如何互為因果，形成他們特殊的生活態度。

儒家認為，人活在世上，固然要從事一種工作以養家活口，也要做一些有意義的事以貢獻社會，同時，人更要有休閒生活。

孔子極其憂心的事有四項：一為德之不脩，二為學之不講，三為聞義不能徙，四為不善不能改；這四項憂慮幾乎全與個人德行的修習有關。除此之外，孔子的生活是極其坦然的，「不義而富且貴，於我如浮雲」，安貧樂道，知命順命，願殺身成仁捨生取義，知其不可而為之。這種在入世的生活內容中，展現出極高的道德境界，幾乎可說是已達到一種難得的宗教情操了。

因此，我們確實發現，許多信奉儒家思想的人，在身體力行時，就會流露出這種宗教情操。

3 現代處境

二十世紀後半葉最壯觀的兩大現象，無疑是美蘇超級強權之間的競爭，以及眾多國家邁向開發之途的努力。美蘇之間的互相制衡應該可以繼續維持一段時間，而各國的發展情形顯然將在二十一世紀初期左右大局。因此，愈來愈多的學者致力研究「現代化」的問題，想為人類找出一條康莊大道。

美國社會學家麥考德夫婦（McCord）於去年出版他們的研究心得：《到進步之路：開發中國家的麵包與自由》，對於人類未來表示樂觀，因為他們認為自己找到了「第四條路」。首先，他們所謂的前三條路是什麼？就是資本主義、社會主義與伊斯蘭宗教（回教）。這種說法相當奇特，其中考慮的重點是國力與資源，因此回教國家主要靠著石油能源就成為所謂的已開發國家。這樣一來，不僅混淆了宗教與地理，就是以宗教因素來解釋自然條件，同時偏重麵包而輕忽自由，不足以讓人心服。至於社會主義，則主要是指蘇俄與東歐共產國家的途徑，其中對於自由之壓制更是世人皆知的，又怎能算是真正的現代化國家？那麼，麥考德夫婦為其他國家所建議的第四條路又是什麼？是實用主義。

他們列舉的成功例證包括：明治時代的日本，十九世紀的丹麥與瑞士，以及當代的象牙海岸、委內瑞拉、哥倫比亞、哥斯大黎加、馬來西亞、新加坡、香港。這些國家採行實用主義獲致成功，其價值觀在於強調科學、理性、計畫、容忍、革新，同時相信人可以影響自己的命運。我們同意這種價值觀與現代化的密切關係，但是它是由實用主義造成的嗎？實用主義其實隱含在每一條成功之途中，又怎能別為一途？我們無法欣賞這種不恰當的分類。

在眾多的現代化理論中，麥考德夫婦的說法可以聊備一格，但是由於在分類的方法、評鑑的標準、甚至資料的理解上問題重重，以致無法讓人信服。坦白說，我們所知悉的現代化理論愈多，就不能不愈加佩服德國社會學家韋伯（M. Weber）的見解。就是以理性化或合理化做為現代化的判準，使它異於表面的工業化，就是在麵包之外，更重視人的主體自由與尊嚴；然後再以某種倫理信念做為理性化的基礎。譬如，西歐與北美所採行的資本主義，是以基督新教的倫理為其動力，因此能夠兼顧人的物質需要及精神願望。依此推知，東亞各國的現代化亦與儒家思想不可或分。這是研究現代化的學者逐漸認同的意見。然而，現代化並非沒有困境，今日的課題更在於辨明：儒家是否也能帶領人類走出現代化的困境？

4 儒家人性論今詮

我一九八〇年赴美進修，抵達耶魯大學以後，曾拜訪一位神學院教授，談到中西兩大傳統對人性的看法。他坦承基督宗教的「原罪」觀念頗有貶抑人性的傾向，但卻可以說明人類社會現存的惡行；接著他反問我：中國人的人性觀如何？我毫不遲疑地答以：儒家主張人性本善。他也毫不遲疑地追問：那麼，惡從哪裡來？我心裡想：來自不當的情感與欲望，但是，情感與欲望不屬於人性嗎？

從那次經驗以後，我就知道人性問題並不如想像中的單純，同時我也決心要弄清楚儒家的人性論。多年以來，這個題材一直不曾離開我的視域，甚至幾度成為我的研究焦點。我的博士論文《儒道天論發微》（聯經版）大約有一半篇幅涉及這個題材；另外也寫了〈人性向善論——對古典儒家的一種理解〉，發表於輔仁大學主辦的一次國際會議上，以及〈儒家的教育哲學〉（收於《我看哲學》，業強版），總結了我的初步探討。

我不擬重述以上各文的細節論證，只願以概觀的方式，略說我在這方面的幾點心得，就教於讀者。本文將嘗試指出：第一，儒家的基本信念是「人性向善」；第二，儒家的實際教訓是「擇善固執」。至於儒家的最高理想，「天人合德」，此次暫不論及。

人性向善

《三字經》開宗明義就說：「人之初，性本善。」「人性本善」之說，可能曾是孔子以前的中國人所相信的。試看《詩經．大雅》裡的兩句話：

「天生烝民，有物有則，民之秉彝，好是懿德。」

「天生烝民，其命匪諶，靡不有初，鮮克有終。」

如果人性本善，為何「鮮克有終」？為何很少人能夠堅持到底呢？因為：

「惟天生民，有欲無主乃亂。」（《尚書．仲虺之誥》）

欲望是什麼？它為何使人墮落？古人並未正面答覆這個問題，卻從積極的角度強調凡民之需要「主」，亦即需要代行天工的君與師。《尚書・泰誓上》說：

「天佑下民，作之君作之師，惟其克相上帝，寵綏四方。」

這句話總結了古代政治哲學的理念，但是也暗示了「人性本善論」的重大問題：第一，為何人性本善，凡民卻無自主行善之能力，而需要君與師匡輔？第二，若身兼君與師的天子，失德亂政，則凡民如何安頓自己的身心？

這兩大問題在春秋時代「禮壞樂崩」的情況下，顯示強烈的衝擊，逼著好學深思之士重新探索人性底蘊，引發了「哲學的突破」，形成諸子爭鳴的局面。儒家是其中值得重視的一派，因為它的人性論承先啟後，既能紹述傳統的理念，又能兼顧時代的契機，闡明人的道德主體性格與道德內在驅力。

孔子的人性論異於傳統理念之處，首在發現一項事實：人性須在人生活動中漸次完成實現。換句話說：人性並非既成的固定之物，而是充滿發展的潛力。人性是富於指向的潛能；指向什麼？指向善。

許多論者指出，孔子在《論語》中不曾明說人性是什麼。的確如此，但是孔子隱然接受的信念則是「人性向善」。這一點可以用歸謬法證明，就是：如果孔子不主張人性向善，那麼他無法有意義地宣稱：

「為政以德，譬如北辰，居其所而眾星拱之。」（《為政》）

「無為而治者其舜也與。夫何為哉？恭己正南面而已矣。」（《衛靈公》）

「子欲善而民善矣。君子之德風，小人之德草，草上之風必偃。」（《顏淵》）

正因為人性向善，所以當領導者體現善行時，凡民自然聞風景從。這幾句話表示孔子嚮往傳統的德治理想。但是孔子進一步相信人人所具的向善之性是內在的、自主的。他說：

「仁遠乎哉？我欲仁，斯仁至矣！」（《述而》）

「為仁由己，而由人乎哉！」（《顏淵》）

「有能一日用其力於仁矣乎！我未見力不足者。」（《里仁》）這種把道德的能力及要求，普遍化為人人內具的天性，是孔子及儒家最有創見的貢獻。

這裡必須說明的是：孔子的「仁」是什麼意思？

一般認為，孔子的「仁」離不開「德」或「善」的涵義。是的，但不僅如此，因為孔子的「仁」字，與其說是名詞，不如說是動名詞。「仁」指涉動態的人之性——

人性向善，同時也指涉動態的人之道——擇善固執。後起的儒家學說大體不出引申、錘鍊、深化、綜合「仁」的這雙重涵義。

孟子為「人性向善論」建立體系說明。

首先他清楚指出「人之所以為人」，應在人與禽獸的「差異」處推求，這是合乎邏輯上標準定義的規則的。這個差異只有「幾希」，並且可以去或存：「庶人去之，君子存之」。這裡有兩個問題：一、這個幾希之異是什麼？二、為何屬於人性的幾希之異可以讓人去或存。

如果從「人性向善」的角度去思索，以上兩個問題就能迎刃而解。因為人性為動態的向善趨勢，所以可能需要去或存；亦即，善並非天生本有，而是隨著生命過程不斷展現，人生努力奮鬥的可能性與必要性即以此為先決條件。然後，這裡展現的善，稱為「仁義禮智」，更清楚地說，善的根源是心之四端：惻隱之心、羞惡之心、辭讓之心、是非之心。可見孟子所謂性善，實指心善，而心善又指「端倪」、萌芽，是開始而不是完成，如「火之始然，泉之始達」（《公孫丑上》）。孟子的人性向善論更進一步指出運作方式，亦即表現於心之「評價」是非善惡與「訓令」行善避惡。這是一種隨生命而開展的動態要求。知行合一在道德修養的層次是個自明真理。如孟子說：「養心莫善於寡欲」（《盡心下》），以及「學問之道無他，求其放心而已矣」（《告子上》），即是基於這一真理的主張。

如果追問這種「心」由何而來？孟子毫不猶疑地歸之於傳統信仰裡的天，他說：「心之官則思。思則得之，不思則不得。此天之所與我者」（《告子上》）。這種信念為儒家後來所強調的「天人合德」奠下基礎。人心為天之映現，則人之內在可以充實自得，體證「萬物皆備於我矣，反身而誠，樂莫大焉」（《盡心上》）。由此看來，孟子回答了一個關鍵問題：這種向善的人性之所以是「向善」的，原因在於它源自於天。關於儒家對天的看法，請參考拙著《儒道天倫發微》，此處無法詳述。

孟子之後，荀子、《易傳》、《中庸》，亦皆緣著「人性向善」的綱領去發展，雖然各有理趣，但結論不外乎以下三點：第一，任何人都有「能力」成為君子。孟子謂，「人皆可以為堯舜」。荀子亦云：「塗之人可以為禹。」第二，任何人都有「責任」成為君子。這是在人的「實然」（to be）之中，找出人的「應然」（ought to be）之源頭。做人，就是要讓這種人性體現出來，亦即要做好人。好到什麼程度？

孔子寧可「殺身成仁」，孟子願意「舍生取義」，連荀子也宣稱，「君子畏患而不避義死」（《不苟》）。第三，任何人，在成為君子時，都有責任幫助別人走上成全之途。孔子呼籲「已立立人，已達達人」，孟子肯定先知先覺之士有責任幫助後知後覺之士。這是一種基於「人性向善」的教育思想，而不再是古代仰賴君與師的素樸觀念。

如果不主張「人性向善」，則以上三點共同特色無法得到圓滿說明。

擇善固執論

一旦肯定人性向善，人生的應循之道也隨之豁然開朗，就是「擇善固執」。古典儒家發揮「擇善固執」最透澈的是《中庸》。但我仍舊先從孔子思想去尋找脈絡。前面提過，孔子的「仁」亦指涉動態的人之道——擇善固執。

從這個角度去理解，《論語》的某些章節才會展現完整的涵義。譬如，「不仁者，不可以久處約，不可以長處樂」（《里仁》），正因為無法「固執」，故為「不仁」。又如，「君子固窮，小人窮斯濫矣」（《衛靈公》），更是明證。孔子之所以不輕易許人以「仁」，主要原因即在於「固執」是持續一生的事，不僅「君子無終食之間違仁，造次必於是，顛沛必於是」（《里仁》），而且「仁以為己任，不亦重乎？死而後已，不亦遠乎？」（《泰伯》）擇善固執的確是任重道遠的

再看這一句話：「君子而不仁者有矣夫，未有小人而仁者也」（《憲問》）。這裡的「仁」，除了解為「擇善固執」之外，別無他解。孔子本人則是奉行此一原則的典範。他不僅「學不厭，教不倦」，而且「發憤忘食，樂以忘憂，不知老之將至云爾」（《述而》）。他念念不忘的四大憂是：

「德之不修，學之不講，聞義不能徙，不善不能改。」（《述而》）他的一生其實可以用「知其不可而為之」（《憲問》）一語來形容，可見其擇善固執的程度了。

孟子在肯定人性向善之後，接著主張：人之知善乃是「良知」，人之行善乃是「良能」，因此，擇善在於「誠之」，固執在於「存養」。然而孟子絕未因此認為後天努力的工夫不重要。他說：

「雖有天下易生之物也，一日暴之，十日寒之，未有能生者也。」（《告子上》）

「五穀者，種之美者也，苟為不熟，不如荑稗。夫仁，亦在乎熟之而已矣。」（《告子上》）

「有為者譬若掘井，掘井九軔而不及泉，猶為棄井也。」（《盡心上》）

這三段話皆在指出擇善之後必須固執，然後才能「集義」以成就「浩然之氣」。所謂「君子有終身之憂，無一朝之患」（《離婁下》），所憂者即是如何孳孳為善，成為「舜之徒」。人皆可以為堯舜，所差者只是堅持到底的恆心而已。

荀子倡「勸學」、「修身」之旨，隆君師而尊禮樂，強調教育不遺餘力。他對擇善固執的看法也十分明確。首先，人對善與不善的反應必須敏銳，荀子說：

「見善，修然，必以自存也。見不善，愀然，必以自省也。善在身，介然，必以自好也。不善在身，菑然，必以自惡也。」（《修身》）

擇善之後必須有始有終，為學之道亦在於此：

「其義則始乎為士，終乎為聖人。真積力久則入，學至乎沒而後止也。」（《勸學》）

這也是「不可須臾舍」的。「為之人也，舍之禽獸也」（《勸學》）。荀子講究

「積善」，「積善而全盡，謂之聖人」（《儒效》）。這無異於說：擇善固執才能成就聖人。

《中庸》一書講人之道，首章即說：「道也者，不可須臾離也。」人之道即是中庸，也即是擇善固執。譬如孔子曾說顏淵，「擇乎中庸：得一善（擇善）則拳拳服膺而弗失矣（固執）」（八章）。至於一般百姓，就「擇乎中庸而不能期月守也」（七章）。君子小人之分，就在於依違「中庸」：「君子中庸，小人反中庸」（二章）；理由是君子依乎人之道：「誠之者人之道」，誠之者即是「擇善固執」（二十章）。

準此而論，一般百姓在《中庸》看來，雖然是「愚」與「不肖」，但是對於君子之道（實即人之道）依舊「可以與知焉」，「可以能行焉」（十二章），其原因即在於「人性向善」。如果要想化除「愚」（昧於知善）、「不肖」（昧於行善），唯一辦法即是「擇善固執」。如果擇善固執，則「雖愚必明，雖柔必強」（二十章）。

再看《中庸》開宗明義的一句話：

「天命之謂性，率性之謂道，修道之謂教。」

根據本文脈絡來理解的話，這句話的要義可以由第二段解起：順著人的「向善之性」去生活，就是人之道，也就是「擇善固執」。努力於「擇善固執」，就是人的教育，也就是儒家大學之道「在明明德，在親民，在止於至善」這一理想之依據。如果追問到第一句，這種向善之性由何而來？則其來源是中國古人一向所信仰的「天」。儒家「信而好古」，尊天而法祖，然後闡明人之性與人之道，讓凡民皆能覺悟自身有成德之趨向與動力，更有成德之要求。

就儒家闡明人的道德之主體性與可能性而言，它是一套人文主義；但是就儒家相信人與天具有內在關係，使人可以無限提升自我而言，它是一套開放的人文主義。這種開放的人文主義，對於今天陷入物質主義、人本主義，甚至非人主義困境的現代人來說，實在非常難以了解，但又是後者所迫切需要的對治之藥。

5 儒家為現代化提供倫理基礎
——從韋伯對儒家的批評談起

「現代化」是一個複雜的整體現象。我們可以由歷史的線索與時代的背景，去探索它在政治上、經濟上、社會上、文化上的種種成因；但是結果往往不是流於偏頗就是流於浮面，而無法窮盡這個複雜的整體現象的底蘊。

焦點放在人的身上

因此，比較合適的辦法，是把焦點放在「人」的身上，就是設法追究：現代化成功發展的地區有些什麼人？這些人對於宇宙與人生有些什麼想法或信念，因而可以表現特殊的生活態度，以致促成現代化的興起？

這個辦法以簡馭繁，又不失其深度，所以較為合適，至於是否偏頗，則是見仁見智的問題了。

首先採用這一探索途徑的是德國社會學家韋伯（Max Weber, 1864-1920）。韋伯當時面對的問題是：為何資本主義（引申而至現代化）單單出現在近代西方（含西歐與北美）？為了答覆這個問題，他寫成《基督新教的倫理與資本主義的精神》一書。他的意圖要釐清「某些宗教觀念如何影響一種經濟思想的發展，或者，一種經濟體系的倫理依據是什麼？」換言之，西方人能夠由經濟發展帶動，並順利跨入現代化的領域，其潛在的主因是由於接受了一套宗教上與倫理上的信念。韋伯認為，這套信念是由基督新教（尤其是喀爾文教派）所提供，其作用在於鼓勵人一方面勤奮努力，累積現世財富，另一方面要善度簡樸節制的生活。「入世」與「禁欲」原是兩種相反的人生態度，現在由於相合而產生無窮的張力與動力，使人能以出世的精神從事入世的工作，再由此孕生西方資本主義精神，並導致現代化的成功。

同樣都有致命缺陷

韋伯為了證實他的理論，繼續從消極方面批評中國、印度、猶太教，甚至中世紀的基督宗教等文化傳統，指出這些文化傳統各有所長，但是同樣都有一個致命缺陷，就是無法教導百姓這種兼顧「入世」與「禁欲」雙重特質的倫理，以致無法跨出現代化的腳步。

由於現代化首先出現於西方，又與基督新教的發展並駕齊驅，因此韋伯的見解頗能「持之有故，言之成理」。除非我們閉口不談現代化的「人」的因素，否則對於主宰人的行為動機及表現之潛在信念必須予以說明。這時，韋伯的理論就顯示極高的吸引力與可信度。

到了一九七〇年，世界經濟態勢有了明顯的轉變。先是日本，然後是臺灣、韓國、新加坡、香港，相繼造成經濟上的領先局面，形成社會學家所謂「資本主義的第二個例子」。這也是繼西歐與北美之後成功的現代化的第二個例子。現在，問題變成：這些國家並未接受基督新教倫理，為什麼也能走上現代化？韋伯的理論能否由於此一事實而被推翻？

這兩個問題看似嚴重，其實仍有轉圜的餘地。首先，研究現代化理論的學者，很快就發現這五個成功的東亞國家的人民居然也接受一套共同的潛在信念，那就是儒家倫理。換言之，韋伯所主張的「現代化需要倫理基礎」，還是站得住的。儒家促成東亞現代化，正如基督新教曾經促成西方現代化一樣。唯一的難題是：韋伯對於儒家的詮釋必須加以修正。現在有兩種可能的作法：一是拋開韋伯的思想架構，直接追究儒家與現代化的關係；二是根據韋伯留下的線索，反省儒家倫理的特色。

入世禁欲雙重特質

第一種作法成效不彰。譬如一九八三年十二月的《富比士》（*Forbes*）商業雜誌，刊出「亞當史密斯與孔子在何處相遇？」認為東亞五國的經濟成功，受惠於儒家倫理之要求人民「服從權威、忠於家庭、尊敬長者，以及勤奮努力。」美國漢學家顧理雅（H. G. Creel）於一九八四年八月發表《孔子與現代世界》，進一步強調「孔子令人佩服的開朗心態，他對教育的重視，以及他之堅持人人皆有機會儘量提升自己的知能才性。」但是這一類儒家特色可以漫無限制地列舉下去，並未足以構成現代化成功的必要條件。

第二種作法則是採用韋伯以簡馭繁的辦法，看看儒家倫理是否兼具「入世」與

「禁欲」雙重特質。美國社會學家柏格（Peter Berger）就從這個角度提出他的見解。他在《世俗性——西方與東方》一文，認為儒家倫理包括「敬重上下之別，對家庭獻身，以及整套關於個人紀律、節儉與美德的規範。」

目前看來，第二種作法逐漸吸引多數學者的注意。但是，單單引述儒家典籍來分別說明「入世」與「禁欲」，而不能全盤理解儒家一貫的人性理論，推究其兼顧這雙重特質的根本理由，則其立論，仍是無法令人滿意的。因此，本文將著重於探討儒家人性論的義蘊，闡明它如何以其特殊方式回應現代化的要求。

儒家始於孔子，孔子的人性觀雖不明確，但仍有跡可循。孔子嚮往古代的德治理想，亦即有德者因民心歸向而成為天子；因此他相信德或善，與人性之間必有內在關聯。譬如他說：「子欲善而民善矣。君子之德風，小人之德草，草上之風必偃。」如果人性本身沒有向善的驅力，孔子不會這麼說。不僅如此，這種向善的力量是人人可以自主的，它又是自發的與自足的。譬如「為仁由己」，「我欲仁，斯仁至矣」，「我未見力不足者」，都是明證。這種人性觀可以稱為「人性向善論」。孟子繼起，充分證明上述理論如下：一、人與禽獸之別，只有「幾希」；亦即人之所以為人，在於與生俱有心之四端：惻隱、羞惡、辭讓、是非。這是以人心來界說人性，而人心之「端」只是趨向而非完成，如「火之始然，泉之始達」，需要存養充擴；二、人心之端一旦體現，就成為仁義禮智，所以人心向善；同時這種向善之心促使人分辨善惡與行善避惡，有如與生俱來的審判者；三、人心的來源是「天」，因此儒家可以肯定人的絕對道德要求，並且以天人合德為可能實現的最高理想。

生命實現道德潛能

古典儒家的其他代表不一定贊成孟子的論證方式，但是對於「人性向善論」的衍生立場則並無分歧意見。這種立場簡單說來，包括三點：第一、任何人都有能力成為君子；孟子的「人皆可以為堯舜」，荀子的「塗之人可以為禹」，充分證明這一點。第二、任何人都有責任成為君子；人的自然生命之目的，在於實現他的道德潛能。所謂做人，就是要實現自己的向善之性，因而也就是做好人。這種責任大到什麼程度呢？大到可以犧牲生命，而這種選擇其實正是完成生命。孔子說「殺身成仁」，孟子說「舍生取義」，荀子也說「不避義死」，都是基於這種信念。第三、任何人在成為君子時，都有責任幫助別人走上成全之途。孔子主張「己立立人，己達達人」，孟子希望「以先知覺後知，先覺覺後覺」。這種抱負與儒家對「善」的看法有關。

儒家以為，「善」既不是客觀存在的實物，也不是純粹主觀的屬性，而是：人的自然而自發的趨向被恰當地體現在人際關係中所呈現者。因此，人與人之間密切而不可避免的種種關係，就構成一個人在滿全本性要求時所不可或缺的條件。因此，中國人講倫理，首重五倫，就是「君臣、父子、夫婦、兄弟、朋友」這五種人際關係。離開這些關係網絡，不僅不可能行善，也不可能有意義地做人。結論很清楚：人性是向善的，善又必須在人際關係中才能體現，因此適當地對人與對己規範，成為儒家倫理的首要關懷。換言之，儒家倫理並非一般所想的是實用主義與功利主義；相反的，它基於傳統對天的信念以及孔孟等先哲對人性的洞識。

往往伴隨自得之樂

這樣一來，儒家倫理表現出溫和的禁欲精神，就絲毫不足為奇了。在對待別人方面，孔子的金律是「己所不欲，勿施於人」；他還諄諄勸人「躬自厚而薄責於人」，在對待自己方面，他勉勵人「見得思義」，「見利思義」。他在弟子眼中是「毋意、毋必、毋固、毋我」，既有開明心態，又能約束自我。他主張「克己復禮為仁」，同時強調「非禮勿視、非禮勿聽、非禮勿言、非禮勿動。」

儒家要求自律與適度禁欲，但是絲毫沒有苦澀之感，因為它所期待的是人性成全。因此，儒家的禁欲精神往往伴隨一種自得之樂。孔子曾形容自己：「飯疏食飲水，曲肱而枕之，樂亦在其中矣。不義而富且貴，於我如浮雲。」

由此看來，儒家倫理確實為「入世」與「禁欲」這雙重特質奠下基礎。一方面，人的向善之性必須在人際關係的網絡中才能實現，因此儒家重視家庭、社會、國家，表現明顯的入世性格；另一方面，潛存在人性中的善，使人選擇符合禁欲精神的生活方式。

我們修正韋伯對儒家的批評，肯定儒家為現代化提供了倫理基礎。這些純屬學理的探討固然具有一定的意義，但是我們不能忽略眼前的事實：隨著現代化的發展，西方與東方逐漸面臨新的問題與危機。這些問題與危機，較諸現代化以前的人類處境，恐怕更麻煩更凶險，以致人類竟有集體毀滅之虞。我們必須審慎思考：儒家倫理帶領我們走上現代化之途，是否也能帶領我們走出現代化的困境？或者，現代化已經誘使我們走向一條不歸路，無法再回頭去欣賞儒家倫理的永恆理想？

6 青年的誠心與公心

近年來，臺灣社會的變遷仍在快速進行之中。社會變遷自然造成多元化的現象，亦即人們對於事物的判斷，不再局限於單一的意識形態及統合的價值觀念。多元化也是現代民主社會的正常發展之一，由重視人權進而強調個人的殊異性，允許個人率性而行，以求得個人的自我實現。然而，這種現象很容易導致另一極端，就是淪入個人主義的陷阱中。個人主義並不是全無可取的，但是它若伴隨著錯誤的自我中心的想法，進而產生自私自利的行為，就值得非議了。尤有甚者，今天的個人主義往往表現為一種孤絕的態度：一方面由於認知差距而排斥傳統的價值觀念，二方面由於追逐時髦而盲目接受外來的浮淺作風。這樣的人，沒有傳統可以回顧，因此沒有過去；沒有前景可以瞻望，因此沒有未來；甚至就連當下的自我也沒有中心主宰，只能隨人俯仰，茫然度日。我們中國人不需要這樣的個人主義；理由很清楚，我們中國人好比是家財萬貫的富豪，怎能甘心效法貧家的乞兒到處托缽呢？但是問題在於：萬貫家財要能讓人受用才行。也就是說：中國文化如何能夠讓現代人安頓身心？這個問題是目前知識分子所共同關心的。如果只以現代青年為對象來探討的話，或許可以這樣問：中國文化對於現代青年有何意義？它能告訴現代青年如何安頓身心，以走上人生的光明大道嗎？這個問題可以得到各種正面的答覆，以下我們特別提出兩點，詳加討論。這兩點就是：現代青年應該致力於發揮誠心與培養公心。誠心與公心是中國文化對於人性的重要昭示。

一般來說，青年具有豐富的情感與奔放的想像，對人對物的判斷往往訴諸直覺，就是以當下的心境與感受來決定自己的態度。結果，容易惑於表面現象，而無法產生較為深刻的定見。這時，青年需要養成善用理性的習慣，遇事稍加思考，想想前因後果、本末輕重，再做決定。同時，定期反省自己所作所為，也是成長的必經之途。「反省」的用意，不僅在於認清自己的外在作為，同時也在於照見自己的內在性向，而後者尤其重要。

若不先弄清楚自己的性向，任何自我實現的說法都是空談。人的性向各有不同，但是其中仍有近似之處，否則就不成其為「人類」。為了掌握這近似之處，並不需要什麼特殊的訓練，只須發揮人人本有的「誠心」即可。發揮誠心，就是忠於自己內心的體驗，並且努力實踐它的要求。譬如，我在乘坐公車時，若身邊環立著老弱婦孺，則我自然坐得不安。但是我可能因為貪圖舒適或不好意思，而沒有讓座。這時若是緊急煞車，老弱婦孺摔倒地上，恐怕我就難以忍受內心的煎熬，而立即讓座了。讓座是一件小事，但是它卻提供最常接觸的機會，使我親切體察內心的趨向。我若一再違逆這種趨向，久而久之，對於殺人放火的壞事就不覺得有何怪異了。孟子曾說：牛山的草木原是豐美的，可惜旦旦而伐之，才成了現在的禿山！我們在小事上壓抑內心的不安與不忍，所付出的代價是很大的：譬如社會的和諧互助風氣日漸式微，而個人自己也將無法求得內外相應、表裡如一的真正率性而行。因此，發揮誠心，是自我實現的第一步。

其次，現在青年還必須培養公心。有公心，才會注重公德與公義。人若發揮誠心，則不僅可以照見自己的性向，同時也將明白：自我實現必須在適當的群己關係中才能達成。適當的群己關係在今天來說，是離不開公德與公義的。公德的出發點是不自私，凡事推己及人，為別人設身處地想一想，或者把別人的事當成自己的事來辦。中國人在外國人看來，特別喜歡分辨親疏，凡是親友的事一律優先，此外公事公辦。於是，公事公辦的場合，特別顯得人情味淡薄，結果形成大家競相攀關係、套交情的不良風氣。今天的社會是整體互動的，只要少數人缺乏公德，照樣會阻礙全體的進步與發展。

公義則指社會正義而言，亦即對社會事象的判斷，能夠只問是非、不問利害。社會風氣是逐漸形成的，人們往往習焉而不察，等到察覺時，又有積習難改的壓力在，這時最需要的，則是誠摯純潔的青年挺身而出，以其敏銳的感受與無私的胸懷，坦然分辨是非善惡，讓社會大眾因而醒悟。我們常說：青年是社會的良知；其實不只青年如此，孔子在晚年仍以「天之木鐸」自任，周遊列國，講求仁義，希望重建理想的社會秩序。青年若是嚮往公義，自然不會惑於流俗，不會人云亦云，相反的，卻能以負責的態度身體力行，以求實踐自己所體認的正義。

發揮誠心，其實只是不作偽、不自欺，讓人性的向善衝動充分表現出來。孟子說：「反身而誠，樂莫大焉。」現代人追求自我實現，舍此亦別無他途。培養公心，則是順著誠心的自然發展，因為人的善性只有藉著適當的群己關係，才能充分體驗。古人所謂幸福人生，必自理想的五倫開始，原因即在於此。有公心，則能像明儒所言：將自家身心放在天地萬物公共的地方，庶幾不愧為人。誠心與公心，是傳統文化對現代青年最直接的昭示。人生的正當途徑，也正在於這幾個簡單的觀念中。青年由此欣賞傳統文化，進而對國家民族孕生愛慕之情，以身為中國人為榮，也是極其自然的事。

7 青年的內涵與修持

青年時期是人生最美的一個階段。青年以新奇的眼光看待世間萬物，往往能突破僵化的表象，見到事物源源不絕的可能性，由此激發創意與美感。對於事物如此，對於他人亦然。因此青年視友誼與愛情之值得珍惜，甚至不在生命之下。但是這一切的根源則是青年對於自我的期許，亦即肯定自我是創造未來價值之基礎。這個自我不是一個徒具形式的純粹主體，而是潛藏著豐富內涵的心靈世界。心靈世界需要開發與布置，就像外在世界需要經營與構畫一樣。「美」不是純主觀的，也不是純客觀的；它出於主客之間的呼應，亦即心靈世界與外在世界之間的共鳴。青年易於感受這種共鳴，自然傾心嚮往理想主義。然而，青年時期會消逝，理想主義會褪色，難道這些只是生命過程的一場幻夢？

表面看來，似乎如此；但是環顧左右，我們又發現有些步入中年、甚至老年的人，依然充滿青春的活力，朝氣蓬勃地，在人生之路上，繼續向前邁進。他們的祕訣是什麼？就是讓心靈世界與外在世界同步運作，同時讓理想與現實之間保持張力與平衡。換言之，他們在體認了外在現實世界的規則性與必然性之後，並不因而灰心喪志，卻轉過頭來掌握了內在自我的自由性與自主性，由此建構明確的理想，煥發奮鬥的意念，走出成功的人生。雖然每個人的實際生命歷程並不相同，但是自我修持以步上成功的途徑則是類似的。以下我們提出四點意見，與青年朋友共勉。

第一，確立目標：目標就像放大鏡的焦點，可以把柔和的光線凝聚為強烈的熱源。人生若無目標，則難免虛擲光陰，浪費力氣，最後一事無成。目標有階段性，如聯考、謀職、成家、立業等，都足以使人在某一時期心無旁騖，念茲在茲。但是人還必須確立一個全程目標，做為自己終生的志業，不然很容易在階段目標受挫時，產生憤世嫉俗或自暴自棄的念頭。全程目標之確立，首在認識自我的興趣及能力，找出自己能夠把什麼事都做得既勝任又愉快；其次則須就各種可能的目標，選擇最有價值的一項。譬如，國父孫中山先生原本行醫救人，但是一經發現革命救國的大業「舍我其誰」時，就毅然以之為終生志業，最後創建民國，成就一代偉人典範。各行各業的領袖大都是在青年時期就選定全程目標，結果充分發揮自己的潛力，同時又能積極地造福人群。

第二，全力以赴：美國心理學家威廉詹姆士說：「我們雖有豐富的心靈資源與生理能量，但是只用了一小部分而已。」換言之，我們只用了大約十分之一的潛能，就得到目前的成績：如果全力以赴的話，我們可以達成什麼樣的目標呢？「天下無難事，只怕有心人」，這句話不是口號，而是無數成功者的真實心聲。當然，為了全力以赴，我們必須犧牲眼前的一些逸樂與享受，謹守紀律與節制，但是如果目標真正值得，這一切犧牲又算什麼？所有得獎的人在領獎的那一剎那，都體會了「含淚播種的必含笑收穫」的無上快慰。更何況，我們只能活這一生一世，又怎能忍心任它輕易流逝？每當想起「韶光不再，青春易老」，我們內心就會提醒自己繼續努力攀登生命的高峰。

第三，自得其樂：確立目標後，應該全力以赴；但是我們不能忽略奮鬥的過程，因為生命內容正是由一點一滴的過程累積而成的，目標也就在過程之中漸次實現。因此，「知足常樂」是十分可取的人生態度，只要它不誘使我們安於現實。我們需要的，毋寧是一種處世的智慧：在造次顛沛之際，仍舊保有內心寧靜的一隅，以淡然和順的眼光欣賞周遭的一切。所謂「萬物靜觀皆自得」，也可以用在自己的身上，充分體會自得其樂的妙趣。我們能否成功，難免受許多外在因素所影響；但是我們能否快樂，則完全操之於己。既然如此，我們至少可以度一個快樂的人生。快樂是隨時伺候在我們身邊的，只要心念一轉，即可當下自得。

第四，提升境界。隨著階段目標一一達成，我們逐漸邁向全程目標，這時就會體察內心世界日益充實圓滿，因為我們的「自我實現」正隨之獲得進展。事實上，自我實現就是自我超越，超越自我中心的格局，然後以寬廣的心胸對人群表示關懷，由親親而仁民而愛物。翻閱歷史，可以看到所有的偉人無不以眾生的苦樂為苦樂，因為他們已經自我超越到一種無我的境界了。我們也應該以這種境界為最高理想，雖不能至，心嚮往之。此外，我們可以根據這種境界來反省自己所選擇的目標是否正確，亦即此一目標使自己的心靈愈來愈閉塞，還是愈來愈開放？如果忽略這個準則，人生意義也將無從界定。

總之，青年以其敏感易覺的心，領悟世間美好的一面，因此傾向理想主義。這種理想主義必須經過試煉考驗，才能開花結果。凡是確立目標，全力以赴、自得其樂、提升境界的人，是因為珍惜青年時期的理想，並且要設法實踐此一理想，以滿全生命的意義。青年雖然只是人生的一個階段，但是人在心靈上卻可以永為青年。

8 走向成功的人生

在一個暑假開始時，我就接到兩個學生的電話，希望與我當面詳談。我分別安排時間約見他們。出乎意料之外的是，這兩位臺大高材生都有相同的意念：想要自殺。我不是心理醫生，所以只能憑藉自己的經驗、知識與熱忱，努力疏導他們這種可怕的意念。問題也許暫時擱置下來，但是能否化解，則須靠他們自己起信生智了。

他們的人生剛開始，又有燦爛的遠景，為什麼卻判斷自己是個失敗者，想要結束生命呢？我由此想到「成功人生」的基本觀念，值得一再闡明。

首先，成功有兩個標準，一是外在，二是內在。外在標準難免遷就於現實世界既成的評價，如名利權位，因此清楚顯示為僧多粥少的現象，只有極少數人可以成功；不但如此，每一個成功的人腳下，都踩著許許多多人的心血，簡直就是「一將功成萬骨枯」的寫實。如果只有這種外在成功算數，那麼人生只是一場鬧劇，因為「浪淘盡，千古風流人物」，一切終歸幻滅！

那麼，什麼是成功的內在標準呢？有了內在標準，是否又可以留下一些什麼？試看「人生自古誰無死，留取丹心照汗青」，這句詩就在某一層面同時答覆了以上兩個問題。用今天的話來說，成功的內在標準就是自我評價：自己對自己的滿意程度。我曾用果汁與吸管的比喻來說明這一點。別人認為我成功，表示我有吸管；我認為自己成功，則表示我的杯子裡有果汁。為了享受一杯鮮美的果汁，最好兩者兼備。但是如果衡量輕重，當然是取果汁而棄吸管了。天下最尷尬的事，莫過於擁有各式各樣的吸管，而杯中卻沒有果汁。別人給你掌聲，你卻自覺失敗，真是情何以堪？根據統計，有錢人自殺的比例遠高於窮人，似乎就是面臨上述處境的後果。

如果明白成功的內在標準的重要性，那麼立即可以肯定的，就是人人都可以成功。這種成功有如海闊天空，「萬物並育而不相害」，不論多少人成功，都不會有任何衝突爭鬥，卻反而可以相輔相成，攜手造就一個更美好的世界。但是，這種內在成功並非光靠著當頭棒喝就可以「一言驚醒夢中人」的，也不僅是心態上的簡單轉變就可以奏效的。它也需要腳踏實地的採取幾個步驟。

首先，要不斷設定明確的目標，督促自己去達成。這些目標可以是外在的，如考試、升學、運動、比賽等，也可以是內在的，如要求自己讀書、思考、少發脾氣、多關心別人等。有了目標，生命就有焦距，可以凝聚物質及精神能量，發出熱力，完成目標。就像放大鏡一樣，可以將柔和的陽光收束為灼熱的火燄。只要你能用心去做，那麼再小的事情也有價值。這種價值在別人眼中也許不算什麼，但是在你則是生命力量的證明，是你向上進展的契機。一根小草掙開泥土，尚且值得我們歌頌，何況我們的所作所為呢？希臘悲劇家有句名言：「宇宙萬物之中，以人的存在最值得驚奇！」我們本身是神奇的存在，因此不必妄自菲薄。在設定目標時，也要在平實中孕生自重之感。

其次，要辛勤耕耘、全力以赴。這一點是追求內在及外在成功都不可少的條件。只有付出代價的人，才能感受成功的欣喜。美國社會學家調查發現，生長在富裕之家的人，到了中年以後，特別容易覺得人生乏味，因為他們的一切是由繼承得來，而非由自己奮鬥得來。沒有挑戰，就沒有成長，內心世界的潛力如果抑遏不伸，難免產生自我厭煩，就像沒有源頭活水的池塘，難以清澈靈動一樣。如果以工作為自我實現的過程，那麼何必在乎是什麼工作呢？我們常說「工作沒有貴賤，人格才有高低」，實在含有至理。只要是一個可以讓人全力以赴的，就是好工作。

工作固然辛苦，卻不能忘了「自得其樂」。我還記得在美國念書時，因為想在四年之內念完學位，所以在身體與精神兩方面備受壓力，幾乎不能支持到底。當時我常想自己是過了河的卒子，不能回頭，萬一失敗就無顏見江東父老。現在想起來，雖然可以同意卡繆（A. Camus）所云：「輕輕地撫摸傷口，竟也成為一種樂趣」，但是仍然為自己的傷口沒有大到不可收拾而慶幸。現在，我比較可以自得其樂，在繁重工作壓力的間隙裡，品品茗、聽聽音樂、看看電影，與三五好友小聚，如此一來，更會覺得努力是值得的。

最後，要「提升心靈」。隨著人生目標一一實現，我們自然心胸日益開闊。在這方面，需要多念書，參考前人所立的典範，以免局限在自己有限的時間空間裡。一個有志氣的人，首先要不斷自我超越，以當代第一流人才為取法對象。王陽明十二歲時，就領悟了「讀書成聖賢是第一等事」，因為這種境界最難達成，最具挑戰性，最能激發人的潛力，同時也最不會與他人產生不必要的衝突。不僅如此，提升心靈還是人人可以達成的。

如果以上述四個步驟來自我期許，那麼你對自己就會日漸滿意。你的人生會日益充實，使你覺得每一分每一秒都是令人欣喜的，值得珍惜的。

附錄

傅佩榮訪問記

從《成功人生》談起

／黃郁彬

法哲巴斯卡（B. Pascal）所說的：「人是會思想的蘆葦」，一直是傅佩榮教授衷心欣賞的名言之一。

他曾受過嚴格的哲學訓練，也曾親炙一代大哲方東美先生的教誨。雖然做的是哲學的專業研究，但是研究之餘，也不時以淺顯的筆調來暢談哲學、關懷人生，同時訴說生命的理想。一九八六年度的國家文藝獎他即以《成功人生》一書獲獎。

「得了獎，對我而言實在是件既高興又意外的事，所以意外，是因為這本書的寫成根本就是無心插柳的，我以前從來沒有寫過這一類的文章。」

一本得獎的書

《成功人生》是傅佩榮教授在耶魯攻讀博士時的課餘作品，他回憶當時的情形說：「耶魯的研究期間，由於時間短、功課緊，所以讓我在精神和軀體上，熬受了相當大的壓力和痛苦，為了舒解自己的心情，每到星期假日，我就跑到書店裡翻翻勵志小品文，一方面藉以敦勉自己，另一方面也可以暫時舒緩功課的壓力。」這些小品文經他反省、消化、整理後，就一篇篇的寄回國內，發表在《臺灣日報》的副刊上，結集成冊後就是現在的《成功人生》一書。

「這一本書刊載期間，常有青年朋友來信謬讚，並詢問有關出書計畫。」傅佩榮教授思索當時寫作的理想及信念：「我自己也逐漸覺得，能把自己受益的思想寫出來與人分享，與人切磋期勉，實在是一樁愉快的事情。不過下筆時，我一再提醒自己不要說教，只要把一個理想勾劃出來，讓別人從文章看到一幅圖畫，從圖畫中選擇一個最適合他的成功人生就行。」

把壞牌打好

基於這樣的信念，整部《成功人生》，不論是談成功的要素、談幸福、關懷、談愛的意義及理想等等，都是用生活中的實際例子，配上妙喻警語以及深入淺出的論調，把讀者逐步地帶入真實而成功的人生理念中，比如談到成功是來自內在的自我肯定時，書中即引用了諾貝爾文學獎得主佛克納的話：「我天生是個流浪漢。當我一無所有時，最覺快樂。我的一件舊外套有兩個大口袋，我在裡面裝著一雙襪子，一本莎士比亞節要，加上一瓶威士忌。這時我快樂得很。什麼都不需要，什麼責任都沒有。」再如談到認識自己，充分發揮自己，以面對各種逆境時，書中有這麼一段話：「喜歡打橋牌的人，大概都會同意：『成功的人生並不在於握有一手好牌，而在於把一手壞牌打得可圈可點。』」人生的境遇並不容易以文字說明，但是看到這麼貼切的一段解釋，實在不由得我們不發出會心的微笑。

就一個哲學的專業研究者而言，他常常擔心自己會不會書念愈多，跟人群的距離愈疏遠？所以多年來，他一直思索，如何才能對青年朋友表示關懷，如何才能「在一般人都了解與接受的事情上，證明自己所學的價值」。《成功人生》的得獎和受到肯定，正釋懷了他多年來一份擔憂和心願。

除了《成功人生》外，這些年來他還陸陸續續地出版過《誰受過教育》、《燈下哲思》、《四大聖哲》、《我看哲學》以及《耶魯札記》等書，書中嘗試以平淺的文字來推敲人生的價值，反省人性的內涵並且疏通哲學的意義以及人生的境界。

讓我們感到好奇的是，存在這些書的背後，傅佩榮教授自己的哲學研究歷程以及哲學信念是什麼？

驀然回首

「人生的意義並不在於順著自然生命的發展，如生老病死的經歷，而在於成就自己生命的『轉化』——借用《易經》的話來說，就是『天行健，君子以自強不息』，要不斷努力地進德修業，以成就道德生命的『止於至善』。」類似這樣的話，幾乎遍及傅佩榮教授所寫的許多文章中，這是他對人類生命所抱持的一種堅持及一種理想。但是這樣的生命理想，似乎已經逐漸從現代人的生活中褪去了，誠如他在《成功人生》一書中所描述的：「宿舍後面的一條街是黑人住宅區；大概是因為美國國慶快到的緣故，這半月以來每天晚上都可以聽到狂歌之聲此起彼落，總要喧鬧到兩、三點。我說『狂歌之聲』其實還算客氣，因為往往傳入耳朵的是間歇性的喊叫、口哨與警笛，好像災難電影的背景音效。」現代人一直把自己投入無止境的喧鬧聲中，那是為什麼呢？因為人不願意面對自己，害怕面對我是誰？我這樣做對嗎？我應該怎麼做等等問題。

多年來，傅佩榮教授一直認為，人生意義的發現，必須透過一種「覺醒」的過程，由渾噩的日常生活與俗務羈絆中，「驀然回首」，才能向上提升，進行自然生命的轉化。這樣的看法和堅持，自然跟他家庭的背景以及多年來所受的哲學訓練有關。

多年的哲學訓練

「我是以第一志願考進輔仁大學哲學系的。」一九六八年，傅佩榮進入輔大就讀，他選擇哲學系做為第一志願，也許是因為生長於有數代歷史的天主教家庭吧！

小時候，他就常隨家人到教堂裡望彌撒，當時年紀小，不太明白聖經的道理，但是聽多後，慢慢地就覺得，人生應有它深刻的一面，應有它更廣的向度，不要光被物質世界給絆住了。

也許就是這樣的一種宗教薰陶，所以當別人視形上學、宇宙論為玄虛時，他讀起來卻深感親切，因為其中談論的問題，在在跟他的內心世界相呼應。

同時做為一個中國人和基督徒，他除了探索生命、宇宙的意義外，多少年來，他更致力於研究中國文化與基督宗教思想的溝通之可能。誠如他自己所說：「身為現代的中國人，沒有一個人可以完完全全地避免掉西方文化的影響，但是西方文化的源頭之一即是基督宗教。我們是固守傳統的文化呢？還是完全擁抱西方宗教信仰？這兩種文化有沒有攜手共進的可能？做為一個中國人，他可不可能同時是基督徒，又是中國文化的薪傳者？」

就是因為這樣的一個衝擊和心懷，使傅佩榮教授在進入耶魯後，選擇了宗教哲學做為研究。但是這樣繁重的一個哲學課題，不但需要高超的宗教情懷，更需要深厚和兼融的中西哲學智慧。

從翻譯原典奠基

就西洋哲學而言，傅佩榮教授在大學期間即已打下良好的基礎，這除了當時輔大的師資優良外，翻譯哲學原典的工作，更使他蒙受了最大的利益。「我從大學就開始從事翻譯，到目前為止已經譯了兩百萬字。翻譯的好處就是讓你書讀得細，讀得精，原本只能了解七、八分的書，經過翻譯後就可以把握到將近十分了。」從大學到現在，他先後譯過柯普斯登的《西洋哲學史卷一》，杜普瑞的《人的宗教向度》，卡繆的《薛西弗斯神話》，戴孚高的《二十世紀哲學》和懷德海的《科學與現代世界》等哲學名著。

就中國哲學而言，他受益於方東美先生最多。

大學畢業後，他考上臺大哲研所，當時方東美先生正在臺大授課，不過一年後方先生從臺大退休，轉到輔大擔任講座教授。「但是由於臺大到新莊的路程不便，而我又是研究生中唯一輔大畢業的，所以方老師搭計程車時，我就義不容辭的作陪。」回憶起這段師生之情，傅佩榮教授真有說不出的溫馨感覺。

「方老師對我最大的啟發，就是讓我領悟到中國哲學並非一堆故舊、一堆死文字而已，它本身是一種活生生的生命精神，從古至今一直貫入到每個中國人的生命中，即使到了今天，一般的老百姓仍然曉得忠孝節義，以及在許多事物上留白的道理，這種道德觀及審美觀，無一不帶有中國哲學的精神風貌。」

儒家的宗教情懷

方先生的看法，很明顯地啟發了傅佩榮教授對於中國哲學研究的觀點。所以他在有關儒道天論的研究中談到：「中國古代的『天』絕不能視為觀念或客觀物，這個『天』是跟自己生命有關的主宰，是人類生命的根源，只有明白了這一點，我們才能真正地了解古代中國人的信念。到了儒家以後，古代的『天』轉化成了人內在的主體性，心才成了人的主體，從而肯定人本身有超越的來源。假使我們無法觸及儒家哲學中的宗教情操，那我們絕對無法了解為什麼殺身成仁、舍生取義是可能的。」

由以上傅佩榮教授的整個學習歷程看來，他所以堅持哲學的研究、人文的懷抱，進取而樂觀的人生以及孜孜不倦地從事哲學教育和寫作的工作，應當是其來有自的。

耶魯四年的蛻變

一九八〇年，由於哈佛燕京學社的獎助，他進入耶魯研究宗教哲學。在這兒他碰到了余英時和杜普瑞幾位好老師，對他日後的研究工作幫助甚大。

耶魯的四年，彷彿讓他進入一個新的世界，讓他在個人的研究生涯中，經歷了一次澈澈底底的蛻變。

在國內讀研究所時，他曾身兼臺大助教、先知出版社的總經理以及《哲學與文化》月刊的主編。然而耶魯所要求的卻是絕對專業的研究。

進入耶魯，傅佩榮教授立刻感受到什麼叫做「分秒必爭」。一開始的兩年他必須修十二門課，這對於一個東方學生來講，是相當嚴酷的考驗，因為每一門課都要精讀上五、六本書，論文更是不計其數。耶魯的要求，是只要你上過一門課，你幾乎就可以在大學裡教那門課了。所以一個學期下來，筆記總有好幾本，而學期報告的寫作，更像在拚命一樣。

到了第三年時，他參加了三門資格考試，每一門都要讀二、三十本書，此外還要通過德、法、日文的語言考試。「所以當我拿到博士學位時，整個人幾乎都浮腫了。」傅佩榮教授拿出抽屜中，自己當年的博士照時笑了起來：「在我回國下飛機時，我的家人幾乎都認不出我。」

由於身心上的過度疲憊，所以有了舒緩自己的意念，《成功人生》一書就是在這種情形下寫出來的。

到了耶魯，傅佩榮教授才真正地感受到什麼叫做「學術氣氛」。「整個學校就像個象牙塔一樣，它和現實世界保持了相當大的距離，校園裡你碰到聽到的，大都是在談學術問題。」

不卑不亢的研究心態

到國外走一趟終究是好的。「國內的研究學者，往往不是過於自負要不就過於自卑。自負的人往往自視中國文化是全世界最了不起的，而自卑的人則常因未渡洋留學而自慚形穢。其實到了外國接觸既多，一經比較後，多少可以知道自己和其他國家之文化的優缺點在哪裡，做起研究來，心理上自然比較平衡。」培養出一份不卑不亢的研究心態，也許是傅佩榮教授耶魯之行的另一項收穫吧！

回國已經多年了，傅佩榮教授目前在臺大哲學系擔任教授，教授形上學、儒家哲學、宗教哲學和當代西方哲學等課程。雖然研究的是相當深澀的東西，但是他心中始終有一信念，那就是再深奧的哲學還是離不開日常生活，所以他並不只在書堆中做研究，並且從生活的實踐中印證自己研究的一些道理。「比如有一回，我一位老師想做心理分析，他已經六十多歲了，卻到醫院找一位八十多歲的朋友，經過商議後，由六十歲的他，推八十歲老太太的輪椅，結果醫院中看到的人無不點頭稱善。但是當他們兩個互調位置，八十多歲的推六十多歲的，立刻所有的人都怒目而視。這證明了人心趨善，若是違反了常理，則不容易被人接受。」

方東美先生生前很喜歡講生命的雙迴向，一方面是探索生命極高明的智慧，但是上迴向後，仍應當下迴向的關懷這個社會，而不應當向世界開小差。傅佩榮教授承認，很多深奧的哲理，並不容易用平易的話來表達，但是在專業性的研究多年後，他仍然嘗試和別人溝通，嘗試把自己對於人生以及哲學的真誠感受，用通俗的筆調寫了出來，《成功人生》是一例，《燈下哲思》等書又是一例。

這樣的一份工作持續下來，也許對他而言，人將不單單是會思想的蘆葦，更將是會關懷、會施予而且擁有生命喜悅的蘆葦吧！

傅佩榮作品集 14

會思想的蘆葦

作者　傅佩榮
責任編輯　羅珊珊
創辦人　蔡文甫
發行人　蔡澤玉
出版發行　九歌出版社有限公司
臺北市105八德路3段12巷57弄40號
電話／02-25776564・傳真／02-25789205
郵政劃撥／0112295-1
九歌文學網　www.chiuko.com.tw
印刷　晨捷印製股份有限公司
法律顧問　龍躍天律師・蕭雄淋律師・董安丹律師
初版　2015（民國104年）12月
定價　260元

書號　0110814
ISBN　978-986-450-032-1
（缺頁、破損或裝訂錯誤，請寄回本公司更換）

國家圖書館出版品預行編目資料

會思想的蘆葦 / 傅佩榮著.
-- 初版. -- 臺北市：九歌, 民104.12

面； 公分. -- (傅佩榮作品集；14）

ISBN 978-986-450-032-1（平裝）
1.人生哲學

191.9 104024232